Carl Gustav Jung

Über die Psychologie des Unbewußten

無意識の心理

C·G·ユング

高橋義孝＝訳

人文書院

無意識の心理 ＊ 目次

無意識の心理

第一版序言

一九一二年、ラッシャー出版社の嘱に応じて同社の年鑑に『心理学の新しい軌道』という論文を寄せた。これが版を重ねることになったので、校閲を加えて成ったのがこの小著である。だから本書は最初の論文とは形が変っており、分量もふえている。旧論文は専らフロイトによって唱えられた心理学的把握方法の紹介を事としたが、近年無意識心理学に齎された数々の、又、重大な変更は、旧論文の分量を大幅にふやさざるをえなくした。フロイトに対する様々な論議は短縮したが、その代りにアードラーの心理学の紹介にも努め、旁々この小著の範囲内で可能なかぎりは、この小著をして著者自身の諸見解の一般的入門書たらしめようとした。この書の取扱うややや複雑な材料のために、この書は読者に対してかなりの忍耐と注意とを要求するものであることをここに予めいっておきたい。私はこの書物がなんらかの意味で完結的であるとか、又は充分に説得的であるとかいう風には決して考えていない。そういう要望に応じうるのは、この書の中に触れられている個々の問題に関する大がかりな学術論文あるのみであろう。従ってここに紹介された諸問題を少し深く追究しようとする読者には、私が本書中に挙げておいた専門文献に当ってみられることを希望する。私が本書を書いた意図は、無意識心理学の本質に関する最新の諸見解のあらましを読者に御紹介しようというにあった。私は無意識の問題こそまさに実に重大且つ切実であると考えるから、現代人にとってかくも重大切実な問題が、素人では覗くことの出来ない専門学術書の中に閉じこめられたままでいて、教養ある一般人士の眼にふれることなく、図書館の書棚に埃をかぶったままでくすぶっているというのは大きな損失だと考えるのである。現在の戦争〔第一次世界大戦・訳者〕に伴う色々の心理学的事象――就中一般的判断の信ずべからざる荒廃、相互誹謗、未曽有の破壊衝動、前代未聞のデマゴギーの氾濫、血なまぐさい魔神の跳梁を防ぎとめえぬ人間の無力などは、秩序を持った意識の世界の下に不穏にまどろむ混沌の無意識という問題を精神的人間の眼前に据え置くのにこの上もなく適しているのである。現在の戦争は、文化人がまだ野蛮人であることを、又同時に、自己の隣人に自己の劣悪な諸性質の齎すものの責任をなすりつけようという気をもう一度起すようなことになれば、どんな鉄の鞭が彼のために用意されているかを、文化人に情容赦もなく示してきたのである。しかし個人の心理は諸国民の心理に照応している。国民がすることは、個人もする。そして個人がするかぎりは、国民もするのである。個人の態度の変化のみが、国民心理の変化を齎すのである。人類の大問題の数々はこれまでただの一度といえども一般的な法則によって解決されたことはなかった。それはつねにただ個々人の態度の更新によってのみ解決されたのである。もし今日までに人間の自省が絶対的に必要で唯一の正しいものであったような時代があったとすれば、まさにわれわれの現在の破局的時代がそれでなくてはならない。

しかしつねに自己自身を顧みる者は、無意識の限界に突き当らざるをえないのだ。そして無意識こそはまさに、何はともあれわれわれが知る必要のある事どもを含んでいるのである。

著　者

キュスナハト（ツューリヒ）一九一六年十二月

第一章　精神分析

医者、いわゆる「神経病医」は、自分の患者を治そうと思うなら心理学的知識を必要とする。なぜかというと神経性の障碍、とにかくひとが「神経過敏」だのヒステリーだのと呼んでいる病気はすべて心の病気であって、当然のことだが心を治療しなければどうにもならない。冷水浴、日光、新鮮な空気、電気療法などは一時的には効果のあることもあるが、時によると全然効かないこともある。病人の病巣は「心」である。しかもそこまでは医学の領域の中へ取り入れられはすまいと思われるほどの、心の複雑きわまりない、最も高級な諸機能に病巣があるのである。従ってここでは医者は同時に心理学者でなければならない。つまり人間の心の諸事情に通暁した人間でなければならない。

昔、というのは五十年位前には、医者の心理学的素養はまことにお粗末なものだった。精神病理学の教科書には、色々の精神病の臨床的記述と種類としか書いてなかったし、大学で講ぜられる心理学といえば、哲学か、さもなければヴィルヘルム・ヴント[*1]が唱え出したいわゆる実験心理学かのどちらかだった。神経症の精神療法に対して最初の示唆を与えたのは、パリの養老院の医者シャルコオの一派だった。すなわちピエル・ジャネ[*2]は神経症的諸状態の心理に関する画期的諸研究を開始する。ナンシのベルネーム[*3]は、その当時もう忘れられていたリエボオ[*4]の暗示療法という示唆を再び採用して大成功を収める。ジークムント・フロイトはベルネームの著書をドイツ語に飜訳して、そこからまた決定的な示唆を受ける。当時はまだ神経症や精神病の心理学というようなものはなかった。神経症心理学の礎石を置くという不朽の功績を挙げたのはこのフロイトである。フロイトの学説は、実際に神経症患者の治療に従事してえられた経験に基づいたものであった。いいかえるなら、フロイトが編み出した一方法を実地に適用したところから生み出されたものであった。フロイトはこの一方法に精神分析という名を与えた。

＊1 『生理学的心理学要綱』一八九八年。
＊2 『心的自動性』一八八九年、『神経症と固定観念』一八九八年。
＊3 『暗示とその治療効果』ドイツ版(フロイト)一八八八年。
＊4 『睡眠とその類似状態』一八六六年。

さて事柄そのものの詳しい説明にとりかかる前に、この精神分析なるものの従来の学問に対する関係について少々述べておく必要がある。かつてアナトール・フランスは「学者とは好奇心を持たぬ人間の謂である」といったが、われわれは今、このアナトール・フランスの言葉の真理がまたしても確認されることになるような面白い芝居を見物するわけなのだ。この領域における最初の、重要な研究は（ブロイアー、フロイト共著『ヒステリー研究』一八九五年）、それが神経症の全く新しい解釈を含んでいたにもかかわらず、学界から殆んど問題にされなかった。ある学者たちは『ヒステリー研究』に対して承認賛成の意見を述べながら、実際には旧来のままのやり方でヒステリー症治療に当っていた。だからそれは、地球は球状を成しているという見解乃至は事実を是認し、これに賛意を表明しつつも、地球を図に描く場合には依然として一枚のお盆のようなものを描いているといった工合なのである。フロイトのその後の諸論文は世間から一顧だに与えられなかった。ところが実はそれら諸論文は、見極めがたいほどの意義を持った諸観察を、ほかならぬ精神病学の領域に対して提供していたのだ。それどころか、一九〇〇年にフロイトが夢の最初の本当の心理学を著した時[*1]（それ以前はこの領域には見るに足るべき業績が皆無だった）又、一九〇五年に彼が更に進んで性の心理[*2]を解明しようとし始めた時、世間はフロイトを罵倒し始めた。のちにフロイトの理論が世間に意想外に流布し、学的関心の限界を遙かに越えて一般に知られるようになったのも、当時学者たちがフロイトに対して悪罵の限りをつくして大騒ぎをやったからこそだといっても過言ではない。

＊1　『夢判断』一九〇〇年。
＊2　『性理論に関する三論文』一九〇五年。

そんなわけでわれわれはこの新しい心理学を少々詳しく眺めてみなければならない。神経症的症状が「心因的」性質のものだということ、つまり心に由来するものだということは、シャルコオの時代にすでにわかっていた。それからまた（殊にナンシー派の諸研究のおかげで）、暗示によってすべてのヒステリー症状を現出させることができるということもわかっていた。それからまた、ジャネの研究のおかげで、知覚脱失・虚脱・麻痺・健忘の如きヒステリー性の発作現象の心的機構上の諸条件などもわかっていた。ところが、あるヒステリー症状がどんな風にして心から出てくるのかはわかっていなかった。心的な諸関連は完全に不明だった。一八八〇年代の初めにヴィーンの一老臨床医、ブロイアー博士がひとつの発見をした。この発見は事実上、新しい心理学の端緒となったのである。彼はヒステリーを患っている若い、教養ある一女性患者の治療に従事した。この患者はつぎのような症状を示した。すなわち彼女の右腕は硬直していて、時々心神朦朧状態に陥る。それからまた自分の母国語の知識を駆使しえず、わずかに英語でしかものがしゃべれないという意味では言語能力を喪失していた（いわゆる組織的失語症）。当時医者たちは、正常な人間におけると同様に、腕を動かす機能の脳部位になんらの障碍も認められなかったにもかかわらず、そういう諸障碍を解剖学的に解明しようとした。ところがヒステリー症の症状学には、解剖学的にはどうにも説明のつかぬ問題が山積していた。ヒステリー性の激情のために聴覚を完全に失っていたある婦人が、時々歌をうたうことがあった。ある時、この患者がある歌をうたい出したのを見て、医者がこっそりとピアノの前に坐って、静かに伴奏を弾いた。さてある節から次の節に移る時、医者が突然調子を変えた。すると患者は、それには気づかずに、こんどはその変った調子に合わせて更に次の節をうたい続けた。だからこの患者は耳がきこえて――きこえないのだ。組織的失明の諸形式にもそれによく似た現象が見られる。ある男性はヒステリー性の完全失明状態にあったが、治療を受けて視力を恢復した。ところが初め、又、その後暫くの間は視力は部分的にしかはたらかなかった。彼の眼には何でも見えたが、ただ人間の頭部だけは見えない。だから彼の周囲の人間は皆首なしだった。つまりこの患者は目が見えて――見えないのだ。この種の多数の経験によって、感官の機能そのものは正常なのに、ただ患者の意識が見ようとせず聴こうとしないということがわかってきたのである。こういうことは、つねに機能そのものが共に害われるところの器質的障碍の本質にまさに相反する。

さてこの辺でブロイアーの場合に立戻ることにしよう。そこではつまり、障碍の器質的原因は存在せず、しかも障碍が起っているのだ、だからこのケースはヒステリー性のもの、すなわち心因的なものと解されねばならなかった。そのうちブロイアーはこういうことに気がついた、つまり女性患者を人工的乃至は自発的な半睡状態に陥らせておいて、頭に浮んでくる思い出や空想を自由に話させる。すると、その後二、三時間の間はいつも病状の軽減が見られたのである。彼はその後の治療に際して、この観察を計画的に利用した。その女性患者はこの治療方法を「お話し療法」とか、また冗談半分に「煙突掃除」とかいう名で呼んだ。

この女性患者は、瀕死の病床にあった父親を看護しているうちに罹病したのである。いうまでもないだろうが、彼女の空想は主として父親の病気とその死という当時のことに関するものだった。半睡状態のうちに、その当時の記憶の断片が、まるで写真でとったように精確に浮び上ってきた。しかも微に入り細を穿ってすべてが思い出されてくるので、覚醒時の記憶力にはとてもそうありありと精密に過去を再現することは絶対に出来ないと考えたい位であった（意識の狭められた状態でしばしば現れてくるところの、想起能力のこのような増大は、「記憶増進」と呼ばれる）。その際、不思議な事柄がいくつも表面に出てきた。患者の語った数多くの物語のひとつに、たとえば次のようなものがあった。

ある夜、彼女は高熱を発している父親に対する非常な不安と、手術のためにヴィーンからやってくる外科医を待つ焦立たしさとのために眼を覚ました。母親は少しの間、病室から遠ざかっていた。アンナ（患者自身）は父親の病床の傍に、右腕を椅子の凭れにかけて坐っていた。彼女は半醒半睡状態に陥って、壁から黒い蛇が一匹、病気の父親を咬もうとして匍い下りてくる光景をありありと眼前に見た（この家の背後の草地に実際に蛇が何匹かいて、この患者が小さい娘だった頃にそれを見てびっくりしたことも幾度かあって、それが今この幻覚の材料になったということは大いにありそうなことである）。彼女は蛇を防ごうとしたが、からだが麻痺したように動かない。椅子の凭れにかけていた右腕は「眠り込んでいた」、つまり知覚脱失的に、虚脱的になっていた。彼女が自分の右腕を見ると、その指はさきが髑髏になっている五匹の小蛇に変った。恐らく彼女は、麻痺した右手で壁を伝わって匍い下がってくる蛇を追い払おうと幾度か試みたのだ。

そしてこれによって、右手の知覚脱失と麻痺とが蛇の幻覚と結合したのだ。蛇の幻覚が消滅した時、彼女は不安のあまりお祈りをしようとした。しかしどんな言葉も口に出ず、どんな国語を使っても、言葉をしゃべるということが出来なくなっていた。それでもやっと英国のある童謡のひとふしを思い出して、それから英語で考え、英語でお祈りが出来るようになった。

これが麻痺と言語障碍とが始まった当時の場面だった。患者がこの場面を口に出して物語るのと同時に、障碍も消滅した。そしてこんな工合にしてこのケースは結局治癒することになったのである。

ここでは今挙げた一例だけで読者に我慢していただかざるをえない。さきに引用したブロイアー・フロイト共著の書物中に似たような例が豊富に挙げられている。この種の場面が非常な力を持っていて、ひとに強烈な印象を与えるということに異論の余地はあるまい。そこでひとは、この種の場面こそ症状発生の原因ではあるまいかと考えるようになった。当時ヒステリー症理論を支配していたところの、英国に由来する「神経ショック」の説(シャルコオはこの説を極力支持した)は、ブロイアーの発見を解明するのに好都合だった。ここからいわゆる(心的)外傷説が生じた。これによると、ヒステリー症の症状、(そして諸症状が病気を作り上げているというかぎりでは)ヒステリー症一般は、心の外傷から起るものであって、そういう外傷の与えた印象は無意識裡に永年の間その力を維持している、というのである。最初はブロイアーの協同研究者であったフロイトは、このブロイアーの発見を数多くの事例について実証した。そして、ありとあらゆるヒステリー症状は、そのどのひとつも偶然から生ずるものはなく、いつも心的事件をその原因としているということがわかった。そのかぎりではこの新しい見解は、経験的な仕事の領域を著しく拡大した。しかしフロイトの研究心は永くこういう表面的な部分にのみとどまってはいられなかった。事実彼はほどなく、より深い、より困難な諸問題に立向って行った。なるほどブロイアーの女性患者が体験したような強烈な不安感の原因となった諸契機が、持続的な印象をあとに残しうるということはたしかだが、それにしても、あの女性患者はそもそもそういう諸契機を、つまりもう明かにそれ自体が病的だと思われるような諸契機を体験せざるをえなかったのはなぜかという問題が出てくる。看病に精根が尽き果てたからなのだろうか。そうだとすれば、彼女のそれに似たようなケースはもっと頻繁に起ってくるはずだ。なぜなら看病に心身を疲労させる場合は残念ながら世間にざらにあるのだから。そして看護する女性の神経の健康状態というものは概して必ずしも上々とはいいえないのである。こういう疑問に対して、医学は便利な解答を用意している。つまり「それは素質の問題だ」というのである。生憎そんな病気になる「素質を持っていた」とするのである。ところがフロイトが提出する疑問はこうだった、「では、素質とは何か？」この疑問は必然的に心的外傷の前歴の探究につらならざるをえない。同じ刺戟的な場面も、その場面を目撃する人如何によって必ずしも同一の影響力を持つものではないし、又、ある人にとってはどうでもいいような事柄、あるいは愉快でさえあるような事柄が、ほかの人を縮み上らせるというようなことも決して珍しくはない。蛙、蛇、鼠、猫などに平気な人もいれば、そういう小動物におぞ気をふるう人もいる。すさまじい手術の手伝いを平然とやってのける女が、猫にさわると、恐怖と嫌悪のために全身を痙攣させるというような場合もある。私は突発的な驚愕のために重いヒステリーに罹った若い一婦人を識っている。彼女は知合いの人たちと一晩を過して、十二時頃その人たちとつれだって帰途についた。その時、突然後方から馬車が一台カラカラと走ってきたので、ほかの人たちはそれを道の端へ避けたが、彼女だけは驚きのあまり道路の中央からわきへ避けるということができず、馬車の前を真直ぐにどんどん駈け始めたのである。馭者は鞭を鳴らして、彼女を怒鳴りつけたが、何のきき目もなかった。彼女は長い道を駈け続けて、橋のあるところへ次第に近づいて行く。橋のたもとで力尽きて、馬車に轢かれまいとして、絶望の余り、河中に飛び込もうとしたが、運よく通りがかりの人に抱きとめられた。ところがこの同じ彼女は、あの血なまぐさい一九〇五年一月二十二日にセント・ペーテルスブルクで、たまたま軍の一斉射撃で市街戦の行われている真最中の街に踏み入ってしまった。彼女の周囲には、人間が弾丸に撃たれてばたばた仆れて行く。しかし彼女は少しの落着きも失わず、冷静に、ある家の戸口を見つけて、そこから別の街路へ身を以ってのがれることができたのであった。この怖ろしい体験は彼女に何らの病的な痕跡を残すことがなかったばかりか、むしろその後はいつもより上機嫌といってもいいような状態だったのである。

原理的にこれと似たような態度はしばしば観察される。ここから必然的につぎのような推論が生ずる。つまりある外傷の強度そのものは明かに病因的意義を持たない。そうではなくて、外傷はその患者にとってだけ何らかの特別の意義を持っているにちがいない。つまり衝撃そのものだけで、いつも病気が起されるのではなくて、ある衝撃が病因となりうるには、そこに何らかの特殊の心的素質がなければならない。そしてこの特殊な心的素質とは、患者がその衝撃にある特別の意義を無意識のうちに賦与するということであるらしい。これによって、素質というものを解明しうる鍵が見つかったわけだ。だからわれわれが直面する問題はこうだろう、「例の馬車の場面の特殊事情はいかなるものか？」例の婦人がうしろから近づいてくる馬蹄の響きを耳にした時に、恐怖が始まった。一瞬間彼女には、その馬蹄の響きの中に怖るべき災厄が含まれてでもいるかのように、それが彼女の死乃至はその他何か戦慄すべきことを意味してでもいるかのように思われたのだ。そして彼女はもうそれだけで思慮分別を全く失ってしまったのである。

一見するところ、刺戟因は馬にあるらしい。だからして、ああいう些細な事件に、かくも意外な反応を示すという患者の素質は、馬が彼女にとって何か特別のことを意味するという点に求められようかと考えられる。たとえば彼女がかつて馬で何か危険な経験をしたというようなことが想像される。事実そういうことがあったのだ。彼女がほぼ七歳の頃、馬車に乗せられて散歩した折に、馬が急に物怖じして暴走し始めた。道の行く手は深い河の、切り立った岸になっている。馭者は馬車から飛び降りて、彼女にも飛び降りるように叫んだが、彼女は恐怖のあまり気が転倒していて、飛び降りることをしかねた。けれども最後の瞬間に馬車から飛び降りることができ、二頭の馬は馬車諸とも、河の谷底に落ちて粉微塵になってしまった。こういう出来事が人に強烈な印象を与えるということは改めていうまでもなかろう。けれども不可解なのは、なぜそれほどの歳月を経たのちに、それと似たような状況の、全くとるに足りぬ暗示に対して、あれほど不似合な反応が起らねばならなかったかということである。これまでのところ、後年の症状は幼年期になんらかの前奏を持っていたという範囲のことはわれわれに解っている。しかしそこに含まれている病的なものの正体ははっきりとしていないのである。この秘密を明かにするには、もっと別の知識を必要とする。というのは、研究成果があがるにつれて、こういうことがわかってきたのである。つまりそれまで分析されたすべてのケースにおいては、外傷的な生活データと相並んで、その上になお、性愛の領域に発する特殊の障碍が存在するという事実がそれである。周知の如く「愛」という概念はまことに伸縮自在な概念であって、天国をも含めば地獄をも含み、善と悪、高貴と低俗を悉くその内部に聚めているわけだが、フロイトの見解は、この認識を以って大きく躍進したのである。最初のうちフロイトは、多かれ少かれブロイアーの外傷説に影響されて神経症の原因を外傷的生活データのうちに求めていたが、今や問題のアクセントは全く別の一点へと移されて行った。その間の事情は、上掲のケースによって最も好都合に説明されよう。なるほど馬というものがあの女性患者の生涯である特別な役割を演じうるということはよくわかるが、後年の、異様に過激な、突拍子もない反応はどうも納得が行かない。このケースの病的に異様な点は、彼女が驚き怖れたのが、ただ当り前の何でもない馬だということである。ところで、外傷的な生活データと相並んで、性愛の領域における障碍が存することが屢々あるという認識を想起するならば、この場合われわれが追求すべきは、そこに性愛的に何か異常なことがあるのではなかろうかという点であろう。

この婦人には、自分の将来の夫と考えていた若い男性があった。彼女はこの青年を愛していて、結婚するつもりでいた。さしあたっては、これ以上のことは何もわからない。しかし、ありきたりな質問が何ら積極的な収穫を齎さなかったからといって、追求の手をゆるめてしまうべきではない。直接攻撃が不成功に終っても、間接攻撃という手がある。そこでわれわれは、この婦人が馬の前を先へ先へと駈けて行った、あの不可解な点に戻ってみよう。あの夜の宴会がどういうわけで開かれ、またどういう人たちがそこに集まったのかを調べてみると、こういうことがわかった。それは彼女の親友である一女性が神経衰弱のために相当期間を外国の保養地で過すことになって、そのお別れのパーティーであった。この女友だちはもう結婚していて、それに夫婦仲は円満だということだった。われわれはこの「夫婦仲は円満でした」という患者の陳述を疑ってみる必要がある。なぜなら、夫婦仲が円満なら、妻たる者が神経衰弱になって、保養に出かけるいわれはすこしもあるまいから。別の面から探りを入れてみたところ、こういうことがわかった、その夜、つれの人たちがやっと彼女に追いついて、彼女はまた今辞去したばかりの女友だちの家へ連れ戻された。夜も更けていたので、それしか手がなかったのだ。ぐったりと疲れた彼女はその女友だちの家で手篤い看護を受けた。ここまでくると、彼女は急に話を打切って、困惑狼狽の色を示して、何かほかの話題に移ろうという風を見せた。どうやら彼女はその時突然、思い出したくないことを思い出したのである。私に向ってなされる彼女の頑強な抵抗を排除したのち、こういうことが判明した、つまりその夜、もうひとつ別の、ある異常な事件が起ったのである。彼女をやさしく親切に迎え入れた女友だちの主人にあたる男性が、彼女に対する熱烈な恋心を打明けたのである。その男性の妻に当る女友だちがこれから暫く家を留守にしようという矢先だから、事ここに至っては万事が少々面倒で微妙だということになる。彼女はこの恋の告白を「青天の霹靂」のようだったと説明したが、そうなるのにはそうなるような前奏曲が奏でられているのが世のつねである。そこでひとつの永い恋愛史を、少しずつ彼女の口からきき出すというのが、その後数週間の仕事となった。そしてやっとのこと、その全貌が明かになったが、それは大体つぎのようなものだった。

患者は子供の時分、まるで男の子のようだった。乱暴な、男の子のやるような遊びばかりやって、女という性を嘲笑し、女のやるようなことは何によらずすべて毛嫌いして避けた。本来なら性の問題を考え出す思春期が過ぎると、彼女は人との交際を避けて、ほんのちょっとでも人間の性別を思わせるような事柄を一切軽蔑し憎悪した。そして、現実とは何の関係も持たないような空想世界の中に生活していた。こうしてほぼ二十四歳位までは、普通ならこの歳頃の女性の心を動かしそうな、すべての小さな恋の冒険、希望、期待を遠ざけていた。しかしやがて彼女はふたりの若い男性と知合うことになり、このふたりの男性がついに彼女が身のまわりにめぐらせていた茨の垣を切り破ったのである。Ａは、当時彼女の親友であった女性の夫であり、ＢはＡの友人で、まだ独身だった。ＡもＢも彼女の気に入った。しかしそのうち、Ｂの方が自分にずっと好ましいように思われ出した。そこでほどなく彼女とＢとの間に親密な関係が結ばれて、世間はふたりの婚約を噂し始めた。彼女のＢに対する関係、又、彼女の親友たるＡ夫人によって、彼女はまた頻繁にＡと接触することになったが、Ａが自分のそばにいると、どういうわけか彼女は妙にいらいらと興奮することが多かった。この頃、彼女は大勢の人の集まる会に出席した。知合いの男女もやはり出席していた。彼女は物思いに沈んで、ぼんやりと自分の指輪を弄んでいるうちに、突然指輪が指を滑り抜けて、テーブルの上へ転げ落ちた。ＡもＢも指輪を探してくれたが、Ｂが見つけ出して、意味ありげな微笑とともに、彼女の指に指輪を嵌めてやりながら、こういったのである、「こうすることの意味を御存知でしょうね」。すると突然、不可解な、抗いがたい感情に襲われて、彼女は今嵌めて貰った指輪を引き抜いて、開けてある窓から外へ投げてしまった。むろん一座が白けきって、彼女はすっかり不機嫌になって、ほどなく会場を去った。その後あまり時を置かずに、いわば偶然に、彼女がＡ夫妻が逗留している避暑地で夏の休みを過すことになった。当時Ａ夫人は目に見えて神経過敏になっていて、だからまた外出をせずに宿に引き籠もりがちだった。そのために患者はよくＡとふたりだけで散歩に出ることがあり、ある時、ふたりは小さなボートに乗った。彼女は度外れて陽気だった。そして突然、水中に落ち込んだ。Ａは泳げない彼女を大骨を折って救い上げた。彼女は半ば失神していた。その時、Ａが彼女に接吻するという事件が起ったのである。恋のきずなは、こういう小説じみた小事件を以って堅く結ばれてしまった。しかし彼女は、この恋心の深さを強いて意識に上せまいとした。というのも彼女はかねてから、そういう印象の前を素通りするか、あるいは——もっと正確にいうなら——そういうものを避けてきたからだ。自分で自分をごまかすために、彼女はそれだけ一層熱心にBとの婚約の方へ自分を持って行こうとして、毎日々々、自分はBを愛しているのだとわれとわが身にいってきかせた。こういう妙なからくりを、女の嫉妬心の鋭い目が見のがそうはずはない。A夫人、つまり彼女の親友は事態をはっきりと見抜いて、そのために懊悩を重ねた。A夫人の神経衰弱はこうして悪化した。だからこそ、A夫人が保養に出かけるという必要も生じてくることになったのである。そのお別れのパーティーで、悪しき精霊はわれわれの患者のかたわらに歩み寄って、その耳にこう囁きかけたのだ。「今晩なら、彼はひとりだ。お前が彼の家の中へ入って行けるように、お前の身の上には何事かが起るにちがいない」。事実、上に述べたような事件が起って、事はその通りに運んだ。彼女はその奇怪な振舞いのために彼の家へ連れてこられて、そしてその望んでいたものを手に入れたのである。

そうきかされると誰しも、偶然の事情をこんな風にうまくつなぎ合わせて、こういう結果を生ぜしめることのできるのは悪魔的な狡智あるのみだと考えたくなるだろう。なるほど狡智は狡智にちがいないが、道徳的にいって必ずしも善悪が明白だとはいいがたいのだ。なぜなら、こういう演出への諸動機というものは患者自身に少しも意識されていなかったからである。これら一連の出来事は、患者自身になんらかの動機が意識されることなく、一見自ら起ったのである。だが、患者の意識はBとの婚約を成立させようとして努力していたのに、すべては無意識裡にこの目標に向って方向づけられていたということは、この事件の前史の全体を通じて明々白々である。別の途を採るという無意識の強制が、意識の命令よりも力強かったのである。

この辺でもう一度本題に戻ろう。つまり、外傷に対する反応がこのように病的（乃至は奇怪、過激）なのは一体全体何に由来するのかという問題がそれだが、われわれは、別の方面でえられた諸経験から形成された一命題に基づいて、今引用したケースにおいても、外傷のほかになお性愛方面の一障碍が存在しているという推定を立てたわけだが、この推定の正しいことがこれで実証された次第だ。われわれはそこから、一見病因的と考えられる外傷も、一誘因以上のものではなく、又、この一誘因において何か以前には意識されなかったもの、すなわちある重大な性愛的葛藤がその姿を現すということを学び知ったわけである。こうして外傷はその独裁的意義を失い、その代りに、ある性愛的葛藤に病因的なものを認めるところの、はるかに深い、はるかに包括的な見方が現れてくるのである。

一体なぜ選りに選って性的な葛藤が（ほかの何らかの葛藤ではなしに）まさに神経症の原因でなければならないのか、という質問をよく受けるが、そういう質問に対しては、誰も「なければならぬ」とは主張してはいないと答えておこう。ただそうであることが非常にしばしばなのだという結論が出されたにすぎないのである。こういう結論に腹を立てて、反対の証言をする人がいくらいようとも、性愛*、性愛の諸問題や諸葛藤が人間生活にとって至大の意義を有し、又、綿密に調査してみるといつの場合にも必ずはっきりとわかるように、性愛というものは人々が考えているよりもずっと大きな重要性を持っているというのが人間生活の紛れもない現実なのである。

＊ ただ性欲ばかりを含んではいないという、性愛に本来帰せしめらるべき広い意味における性愛である。だからまた、性愛とその障碍とが神経症の唯一の原因だなどといっているのではない。性愛の障碍が、第二義的性質のもので、その背後に実はもっと深い原因がある場合もある。更に神経症を起す別の可能性がいくらもある。

だから外傷理論は、今では古物として取り扱われるようになっている。なぜなら、外傷ではなくて、隠れた性愛的葛藤が神経症の根源だという洞察によって、外傷はその因果的意義を失ってしまうからである。＊

＊ 爆弾ショックや鉄道脊髄震盪症《レイルウェイ・スパイン》等の如き、真正のショック神経症は例外である。

第二章　性愛理論

外傷の問題は、前章で述べた見解によって、意外な片づけられ方で片づけられてしまった。それに代ってわれわれの探究は性愛的葛藤という問題の前に立つことになった。この葛藤は上に挙げた例が示しているように、豊富に異常な諸要因を含み、その意味では一見したところ普通の性愛的葛藤とは比較されがたい。その場合われわれが奇異に感じ、信じがたいと思うのは、あの女性患者の本当の情熱は彼女の意識から隠されていて、ただ外観のみが意識されているという事実である。しかしながら、外観的な関係のみが意識の視野を支配し、本当の関係は闇の中に隠されているということはこの場合疑うべくもない。この事実を理論的にいい現わすと、こうなる、「神経症においては二つの傾向が存立し、これら二傾向は互に鋭く対立しており、それらのうちの一方だけが意識されている」。筆者はわざとこんな風にごく一般的ないい方をしてみたが、それは、病因的葛藤はなるほど個人的契機にはちがいないが、同時にしかしまたそれは個人というものの中に姿を現わすところの人類の葛藤でもあるということを、そういうひどく一般的ないい方によって強調しようと思ったからである。なぜなら、自己自身との不一致こそそもそも文明人の一特徴なのだから。神経症患者というものは、本来なら自然と文化とを自己自身のうちにおいて統一すべかりし人間、しかも現在では自己自身と不和の関係にある人間の、特殊な一ケースたるにすぎないのである。

周知の如く、文化とは人間の内部にある動物的なものを次第に馴致して行くことである。文化の過程は馴致の過程であり、この過程は、自由を渇望する動物的本性の側からの憤激を呼ぶことなくしては遂行されない。だから時折、文化の強制に身を屈する人類の間には一種の忘我陶酔の状態が生ずる。古代世界はそれを東方から押し寄せてきたディオニュソスの放埒の密儀の形で体験した。そしてこのディオニュソスの宗教は古代文明の本質的・特色的一要素となり、その精神は、紀元前一世紀の無数の宗派や哲学流派においてストアの理想が禁欲主義へと発展し、当時の多神教的混沌からミトラスやクリストの禁欲的諸宗教が生れ出たという事実に少なからず寄与したのである。自由を憧れるディオニュソス的陶酔の第二波はルネサンス期において西洋の人間を襲った。自分自身が生きている時代に判断を下すのは困難である。ここ半世紀の間に提出された色々な革命的問題の系列中に、一種の文学ジャンルを呼び起した「性的問題」がある。精神分析の端緒も、この「運動」に根ざすものであった。そして精神分析の理論構成はすくなからずこの運動に影響されて、片寄った方向を採らされてしまったのである。つまり何人もその時代の諸潮流と全然無関係でいることはできないのだ。それ以来、「性的問題」は政治的並びに世界観的諸問題のために遠く後景に押しやられてしまっているが、しかしこのことは、人間の中の動物的本性が繰り返しくりかえし文化の制限に衝突するという、基本的な事実を些かも変えるものではない。文化の制限は色々と名前を変えるだけであって、それが文化の制限であることは少しも変らない。われわれはまた今日、文化の強制と不和の関係にあるのが決していつも人間の動物的な衝動ばかりとはかぎらず、新しい理念もやはり文化の強制と不和になることが往々にしてあるということを知っている。新しい理念というものは、人間の心の無意識界から、明るい陽光の中へ押し上ってきて、人間の衝動同様に、その時々の支配的文化と葛藤を惹き起すものなのである。たとえばわれわれは今日、現代人が主として政治的な情熱のとりこになっているかぎりでは、神経症の政治的理論を樹てうるかもしれぬ（「性的問題」はそれの些細な前奏曲たるにすぎなかったのだ）。ところが、政治的なるものは、それよりももっと深刻な宗教的動揺の先触れたるにすぎぬということがひょっとすると真相であるかもしれないのだ。神経症患者は、自ら意識することなく、時代の支配的潮流の中を泳ぎ、それら諸潮流を自己の心的葛藤の中に反映させるのである。

神経症は、時代の問題と緊密に結合しており、個人が自分自身において一般的問題の解決を計ろうとして失敗に終ったところの試みというものをもともとは表現しているのである。ノイローゼは自己自身との不和・軋轢である。多くの人間において、その自己自身との不和・軋轢の原因は、意識の方では自分の道徳的理想に則りたいと思っているのに、無意識の方では自分の（現在の意味での）非道徳的理想を目ざして行動する、そして意識は無意識のそういう行動を許しておけないという事情に存する。この種の人間は、自分たちが実際にそうである以上に道徳的であろうと思っている人間なのだ。しかしまたこれとは逆の事情から心的葛藤が起る場合もある。一見非常に不作法・不道徳で、自己自身に少しの道義的強制をも加えていないような人間がある。ところが実はそれが、罪深いポーズにすぎないのだ。なぜならこういう人間にあっては、道徳的な面は背景に立っていて、道徳的人間における非道徳的本性の如くに、この面は無意識の中に埋没しているからなのである（だから極端なことはできるだけ避けなければならない。なぜならそれはいつもその反対が本当ではないかという嫌疑を呼び起すから）。

以上の一般的な論議は、「性愛的葛藤」という概念を少々わかりやすくするためになされたものである。以上の一般的論議を基として、一方では精神分析の技術を、他方では治療法の問題を論じて行こうと思う。

精神分析の技術でまず問題になるのは、「ひとはいかにして最短の、しかし最上の道を通って、患者の心の中の無意識的諸事象を知りうるか」ということである。初め用いられたのは催眠術による方法であった。患者を催眠術でねむらせておいて、色々ときき出す。あるいは（同じく催眠状態で）患者の頭に浮んだ事どもを患者自身にしゃべらせるのである。この方法は今でも時折用いられるが、現今行われている方法に比較すれば幼稚で、役に立たぬことも往々にしてある。第二の方法はツューリヒ精神病病院で考案されたもので、いわゆる連想方法である。[*1] この方法は的確に葛藤の存在を示してくれる。そして、心の中の諸葛藤は、強い感情にまといつかれた諸観念の複合体、つまりいわゆるコンプレクスの形をとっているのであり、かかるコンプレクスは、実験を一定の類型的な仕方で妨害するから、その存在がそれと知られるのである。[*2] だが、病的葛藤を察知するための最も重要な方法は、夢の分析である。夢分析がその最も重要な方法であることを最初に示したのはフロイトだった。

＊1　ユング『診断学的連想研究』一九〇六年及び一九一〇年、二巻。

＊2　『コンプレクス一般論』一九三四年。のち『心のエネルギー的構造と夢の本質』(一九四八年)に収載。

夢については、建築師たちが捨てた石が礎石になってしまったということができる。尤も夢というものが、つまり人間の心の、とりとめもない、些細な所産たる夢が、これほどにも軽んぜられるようになったのは近代になってからのことで、むかしは夢は、運命の告知者として、警告者・慰め手として、神々の使者として重んぜられていた。今やわれわれは夢を、無意識の告示者として利用している。われわれは夢に、意識にかくされている色々な秘密を語らせようとする。そして夢はまた驚異的な完璧さを以ってわれわれにわれわれ自身の内奥の秘密を語り告げるのである。「顕在的」な夢、すなわちわれわれの記憶に残っている夢は、フロイトの見解に従えば、ある建物の正面の壁面の如きもので、それを見ただけでは家の内部のこと(夢の本当の内容や意味)

は何もわからない。むしろこの壁面は、家の内部を、いわゆる夢検閲によってひたかくしにかくしているのだ。ところでわれわれが、若干の技術的規則を守りながら、夢を見た本人にその夢の細部を話させると、彼の思いつきがある特定の方向にあり、若干の材料を中心にしているということが、ほどなく明かになる。それらの材料は、その本人にとって個人的に重要な意味を持ち、ある意味を含んでいる。それは、最初はその夢がまさかそんな意味を含んでいようとは予想もしなかったような、そういう意味なのだ。しかしこの意味は、綿密に比較すればわかることだが、夢の正面壁面と、実にデリケートな、微細部に亙るまでもちゃんとした関係を持っているのである。この特殊な観念複合体（観念コンプレクス）――夢のすべての糸がそこに統一されているところの観念コンプレクスこそ、その時々の諸事情によって制約された、特定のヴァリエイションにおける、目ざす葛藤なのである。フロイトによれば、その場合その葛藤の不快な・矛盾するようなものは非常に巧妙に隠蔽され、あるいはぼかされているので、夢は願望充足だといいうるほどなのである。尤も、夢が明々白々たる願望の充足である場合はきわめて稀である（たとえばいわゆる身体刺戟夢だとか、睡眠中に知覚される空腹感から、大変な御馳走にありついて、食欲が満たされるというような夢だとかが、明白な願望の充足される夢である）。もっとねむっていたいという気持と対立するところの、「さあ、もう起きなければ」という考えも、「もう起き上ってしまっている」などという願望充足的夢表象へと導く。しかし決してすべての夢がそういう簡単な性質を持っているというわけのものではないのだ。フロイトによれば、覚醒時意識の諸観念と矛盾するような性質の無意識的願望がある。ひとが自分で自分に承認したいとは思わないような不快な願望もある。フロイトは、そういう願望こそ本来の夢形成者だと考えている。たとえばある娘が母親をやさしく愛していたとする。しかしこの娘は、母親が死んだ夢を見る。そしてそれを大いに気に病む。フロイトの解釈に従うと、この娘には、本人にはそれと意識されず（無意識）に、娘が心中密かに憎んでいる母親が出来るだけ早く死んでくれればいいという、（娘の意識にとっては）ひどく不快な願望があるというのである。一点非の打ちどころのない娘だって、そんな気持になる場合はありうる。ところでその娘に向って、お前はこれこれだとでもいおうものなら、彼女はそれこそ躍起になって「そんなことはない」と否定するだろう。母親の死という夢の顕在内容は、うわべは願望充足など全く含んでおらず、むしろその娘の危惧や憂慮、だからそこに推測されている無意識的感情の正反対のものを表現している。けれども、極端な憂慮は非常にしばしば、そして正しくもその正反対のことを物語っている場合があるのは誰しも知っている通りである（ただし批判的な読者は正しくもこうたずねるだろう、「夢の中に表現されている憂慮は極端なものであろうか」と）。一見したところ願望充足の気配すらないような夢はいくらもある。というのも、顕在内容へと仕上げられた葛藤は無意識のものであり、またその葛藤から生じてくる解決の試みも同様に無意識のものだからである。上記の娘は実際に母親を遠ざけたい気持を持っている。「遠ざける」ということを、無意識が使用する言葉で表現すれば、それは「死ぬ」ということだ。だがわれわれはこの娘にそういう気持があるといってはならないだろう。

なぜかというと、厳密にいうと、娘がこの夢を作り出したのではなくて、娘の中の無意識の世界がこの夢を作り上げたのだから。娘の無意識界は、娘自身にとって意外な、母親を遠ざけたいという気持を持っている。娘がこういう夢を見たという事実そのものが、娘が意識してそういうことを考えてはいなかったということを証明している。娘にはそもそも、なぜ母親が遠ざけられねばならないのか、それがわからないのだ。ところでわれわれは、無意識界のある一つの層が、想起の際に忘れられてしまっている一切のもの、並にひとが成年に達した際にどのような形においてでも利用されえなかったところの幼児的衝動の一切を含んでいるということを知っている。無意識界に発する多くのものは、まず幼児的性格を帯びているということができる。だからこの娘の願望も、そういう幼児的性格を持っているのであり、それはつまり非常に簡単な「ねえ、パパ、ママが死んだら、パパはあたしをママにするんでしょう？」ということなのである。この幼児的な願望表出は、この娘の最近の「結婚する」という願望、しかも（この場合はどういう理由からか、さしあたりは不可解な）娘自身にとって不快な願望に対する代償物なのである。この観念（「結婚する」という）、あるいはむしろこの観念に照応する意図の切実性は、よくいうように「無意識界の中へ抑圧され」て、無意識界において必然的に幼児的な仕方で自己表現を行わざるをえなかったのである。なぜなら無意識界が駆使しうる材料というものは、その大部分が幼児期の記憶断片なのだから。

一見したところ、上記の夢では幼児期の嫉妬の気持が問題になるわけだ。あの夢を見た女性は少々父親に惚れていて、だから彼女は母親を遠ざけたがったのだ。しかし彼女の本当の心的葛藤は、一方では結婚したいのだが、他方ではしかしその決心がつきかねているという点にあるのである。つまり、結婚後がどうなるか、夫がほんとに自分に合った人かどうかというようなことは、結婚前にむろんはっきりとわかっているわけではないのだから。それにくらべると、両親のうちにいるのは実に快適なのだが、ほかの男のひとと結婚をすれば、お母さんのそばをはなれなければいけないし、一人前の大人として、自分ひとりで何でもやって行かなければならないというのは……というのが、この娘の気持なのだが、しかし彼女は、結婚という問題が今や現実に彼女に迫ってきて、彼女をつかまえており、その結果彼女は、運命によって課せられたこの問題と一緒にでなければ、もはや両親の許に逆戻りに戻ってくることはできないということに気づいていないのである。いうまでもなく彼女は今や、あの昔の子供ではない。彼女は、結婚しようという気のある成人である。だから彼女が結婚して家から外へ出て行かずに、そのまま両親の許にとどまっているとすれば、彼女は男性が欲しいという願望を懐いたままで両親の許にいることになる。ところで家庭の中では、父親が男性であるから、男性が欲しいという願望の対象には、彼女が意識することなくして、父親が選ばれることになる。しかしそれでは近親相姦ということになってしまう。ざっとこんな風にして、第二次的な近親相姦的情事が発生する。さてフロイトは、近親相姦傾向は第一次的であって、さきの娘が結婚する決心をしかねている本来の原因をなしていると想定し、それ以外にも推定される色々の原因を殆んど顧みようとしない。私はすでにかなり以前からフロイトとは別の立場に立っている。近親相姦衝動が偶然現れたからといって、それはこの娘に元々近親相姦の傾向があるということを証明してはいないのだ。丁度、殺人の事実が、一般的に普及しているところの、葛藤を生ぜしめる殺人衝動の存在を証拠立てていないのと同じことである。むろん私は、ありとあらゆる犯罪への萌芽が各人の胸の中にはあるべき筈のものではないなどと主張しようとは思わないが、しかし、そういう何らかの萌芽の存在と、現実の葛藤と、その葛藤のために生じた（神経症に見られるような）人格分裂と、これら三者の間には、何といおうと大変な相違があるわけなのである。

ある神経症の病歴を注意深く辿ってみると、そこにいつもきまってある怪しい一契機が見つかるものだ。そして、当の患者がそれと係り合うのを避けたところの、その問題が、この一契機の中に現れているのである。ところでこの「避ける」ということは、患者の気持の底にある怠惰や安易を好む心や卑怯や臆病や無知や無意識などと全く同様の、きわめて自然な、そして到るところに存在する反応なのであり、事が不快に、困難に、危険になってくると、ひとは大抵躊躇し、できることならその事に係り合おうとしないものなのだ。私はそういう理由で全く充分だと考える。フロイトが実に正しく見抜いたところの、疑いもなく存在している近親相姦症状は、私には第二次的な、それ自体ですでに病的な現象であるように思われる。

夢はしばしば、一見まことに荒唐無稽な事件や場面から組み立てられているもので、われわれは夢を眺めて馬鹿らしい感じを持つ。そうかと思うと、夢というものは実に不可解であって、われわれが本気になってこの混乱した夢形象を辛抱強い分析作業によって解きほぐして行こうと骨を折る前に、なぜわれわれはいつも一種の抵抗を排除しなければならないのか、精々のところ奇妙に思われるのは、夢のそんな点でしかないほどに不可解なものなのだ。ところで、われわれが遂にある夢の本当の意味に突き当ってみると、その時われわれはもうその夢を見た本人の心の秘密の数々と顔をつき合わせているわけなのであって、一見無意味な夢もきわめて意味深長であり、実は専ら重要で真剣な事柄のみがそこに物語られているということを知って、大いに驚くという次第である。そうとわかると、現代の合理主義的風潮がそれまで歯牙にもかけなかったところの、夢の意義に関するいわゆる迷信を、もう少々は尊敬しなければなるまいと合点するのである。

フロイトがいうように、夢の分析は無意識界に至る大道《ヴィア・レギア》である。夢の分析はわれわれを最も深い個人の秘密の中へとつれて行く。だから夢分析は、人間の心の医師・教育家にとっては貴重きわまりないひとつの武器なのである。

特にフロイトの精神分析ばかりでなく、一般に分析的方法は大体無数の夢分析から成り立っているものである。つまり夢は治療の全期間を通じて継続的に無意識の諸内容を露わにし、それらの諸内容は白日の光の解毒的な力を浴びる。またその際には色々と貴重な、失われてしまったと信ぜられていたようなものが再び発見されるものである。自分自身に関して誤った観念を懐いている多くの人間にとって、そんなわけで分析治療が最初は一種の拷問であるのは当然で、彼らは古代の神秘的な格言「汝の持てるものを棄てよ、さらば汝は享くべし」の伝で、何か本当に深い、美しい、広やかなものを自分自身の内部に生ぜしめようがためには、一切の心密かな大切な錯覚を犠牲にして放棄しなければならないのだ。分析治療に当って再び陽の目を見るのは、実に古い叡智の数々なのであり、われわれの現在の文化段階でこの種の心霊的教育が必要欠くべからざるものとなってきたというのは、また格別奇妙なことである。それは、色々な点でソクラテスの技術と比較されうるような教育なのである。尤も分析の方がソクラテス的方法によるよりも遙かに深い層に到達しうるのだが。

　フロイトの研究方向は、病原的葛藤の発生における性愛的契機、あるいは性愛的契機に絶大な意義のあることを証拠立てようとした。フロイトの理論に従えば、意識の志向と非道徳的な、意識の志向とは相容れぬ無意識的願望との間に衝突が起るということになる。無意識的願望は幼児的である。すなわちそれは幼児的原始時代に発した願望であり、もはや現在には不似合になってしまった願望である。だからその願望は抑圧されるのだ。しかも道徳的根拠から。神経症者は自分の内部に子供の心を持っている。子供というものは、外部から彼に対して加えられる種々雑多な制限の意味を理解することが出来ず、それらの制限に堪えることが出来ない。彼は自分を道徳に適応させようと試みはするものの、しかしそうすることによって自己自身と不和になり、一方では自己を抑えつけようとし、他方では自己を解放しようとする。——この争いがつまり神経症《ノイローゼ》と呼ばれているものなのだ。もしこの争いがそのあらゆる部分においてはっきりと意識されているとしたら、恐らく神経症の症状が生ずるなどということは絶対にないだろう。そういう症状が生ずるのは、自己の本性の別の一面、その一面の持っている数々の問題の切実さを悟らない場合にかぎるのである。この条件の下においてのみ、心の承認されない一面が外に出ようとするのに手を藉すところの症状というものが生じてくるらしいのだ。だから症状は――フロイトに従えば――承認されない諸願望の充足なのであり、それらの諸願望は、意識に上せられると、その人間の道徳的確信と激しく対立せざるをえないのである。既に述べたように、心の影の面は意識に上せられることがない。だから患者はその影の面と折衝して、それを改良し、それと話をつけたり、それを断念したりすることが出来ない。なぜなら彼は（意識面では）無意識的な衝動の動きなどというものは実際に持っていないのだから。そういう無意識的な願望衝動は意識の王国から追放されて、独立のコンプレクスとなってしまっているのだから。そしてこれらのコンプレクスは、病人の側からの大きな抵抗の下に、分析によって再び意識の支配を受けるようになるわけである。自分たちには心の影の面などないといって自慢するような患者もいる。自分の心の中には葛藤などないと断言する患者がいる。しかしその代りそういう患者たちは、ヒステリー性のむら気や、自分自身や周囲の人々に向けられる悪意のある非難や、神経性の胃カタルや、身体各部の疼痛や、原因のない神経過敏や、その他種々様々の神経性の症状の如き、出処不明のものに苦しめられていることを自覚していないのである。

ひとはよくフロイトの精神分析に対して、こういう非難を浴びせる、「精神分析は人間の（仕合わせにも）抑圧されているところの動物的な諸衝動を解放し、それによって計り知られざる禍の種子を蒔くものだ」。このような憂慮を懐くということこそ、ひとが今日の道徳の諸原理の効力を少しも信頼していない証拠ではないか。人間を放埒から喰いとめているのはひとり現行の道徳のみだという恰好だが、しかし一切の道徳律よりも遙かに説得的であるところの現実の限界を置く必然性の方が、道徳よりもずっと有効なブレーキなのである。精神分析が人間の動物的衝動を意識化するというのはまさにその通りだが、人がいうようにそれは動物的衝動に無制限な自由を与えようがためではなく、動物的衝動をしかるべき意味を持った一つの全体のうちに秩序づけようがためなのである。つまりどの途、われわれが自己自身の全体をしっかり掌握しているということはいいことなのだ。なぜならそうでないと、抑圧された諸内容が別の色々な面でその人間の生活を妨害するからである。しかもそれは、何かあまり重要ではないような面に現れてくるのではなく、まさしく最も敏感な面に現れてきて妨害するのだ。だが人間が自分の本性の裏側をはっきりと見ることを学び知るようになると、それによって人間は周囲の人々をもよりよく理解し愛することを会得するようになるだろう。阿諛が減り、自己認識が増すと、周囲の人々に対する関係は必ずや大いに改善されることになるのだ。なぜかというと人間は、ともすれば自己自身の本性に対する不公平で強引な態度を以って、周囲の人々にも接しがちなものだからである。

フロイトの抑圧理論は、自分の非道徳的な獣性を抑制するところの、あまりにも道徳的な人間しかこの世の中にはいないと前提しているような風に見える。もしそうだとすれば、自己の獣性をすこしも抑制せずして生きて行く非道徳的人間は絶対に神経症に罹らないということになるだろう。ところが経験の示す如く事情は決してそうではない。そんな人間も、そうでないほかの人間同様に神経症に罹ることがあるのだ。そういう人間を分析してみると、そういう人間にあってはほかならぬ道徳そのものが抑圧されているということがわかるのである。だから非道徳的な人間が神経症に罹ると、ニーチェが巧みに表現しているように、彼は自己の行為の高みに立っていない「蒼ざめた犯罪者」の相貌を呈するのである。

そういう場合における徳性の抑圧された残滓は、獣性を不必要に束縛するところの幼児的・伝統的しきたり――だからそれは廃絶せしめられなければならないのだが――のみだという見解が立てられるかと思う。「破廉恥なものを叩き潰せ」という原理を徹底させれば、絶対的で完全な人生が出来上るだろうが、むろんそんなことはありえないし、且つ無意味である。忘れてならぬのは――そしてこれはフロイト一派に呼びかけなければならないことだが――道徳というものはシナイの山から人間社会へ持ち来たされて、民衆に押しつけられたものではなく、道徳というものは、人類とともに古い人間の魂の一機能であり、外から押しつけられるものではなく、結局先験的に人間が自己自身の中に持っているものである。むろん道徳律を持ってはいまいが、道徳性というものは持っているとしてよかろう。そしてこの道徳性というものがなければ人間の社会共同生活は不可能であろう。だから道徳は社会発展のあらゆる段階において見出されるのだ。道徳は、畜群の共同生活をも秩序づけているところの、行動の本能的規制であるが、道徳律（種々の道徳的掟）は共同生活を行う人間集団の内部においてのみ通用するものである。人間社会の彼岸においては、道徳律は効力を失う。そこでは道徳律の代りに、「人は人にとって狼である」という古い真理が妥当する。文明の度が増大するにつれて、次第に多数の人間を同一の道徳の支配下に置くことが成功するわけだが、社会の外部においても、つまり別箇独立の社会的集団と集団との間にある自由な空間においても、この道徳律に支配権を持たせるまでには現在のところは至っていない。そういう自由な空間においては、大昔と同じように無法状態と無拘束状態と最も忌まわしい無道徳が支配している。しかしそれに対して抗議するのは、その時々の敵のみである。

フロイト流の常識からすれば、神経症において性欲の果す役割は決定的に重大である。フロイトはこの考えを押し進めて行って、現代の性道徳を勇敢に攻撃した。それはたしかに大事なことだったし、又、必要なことだった。なぜなら人間の性生活に関しては今日もなお、この極度に複雑な事態を処理するにはあまりにも単純な見解が支配しているからである。中世初期、具体的な認識に基づくところの金銭に関する道徳がまだなく、大ざっぱな道徳があるにすぎなかったので金銭の事がさげすまれていたのと同じように、今日も性に関しては大ざっぱな道徳しかない。私生児を生んだ少女は、私生児を生んだということだけで社会から白眼視され、その少女がまっとうな人間であるかないかなど誰も問おうとしない。法的に容認されていない恋愛形式は、立派な人間同士の間のことであれルンペン同士の間のことであれ、とにかく非道徳と見なされる。世人はまさしくまだ「何が」に眩惑されていて、そのために「如何に」すなわち行為する人間のことを忘れている。丁度金銭というものが中世の人間の眼には人を眩惑し人をがつがつさせる黄金であり、だからまた悪魔以外の何物でもなかったのと同様である。

だが事態は決してそう単純ではないのだ。性愛というものの性格には一種曖昧なものがあり、これは、未来の立法が性愛に対してどういう処置を採るようになろうとも将来とても変らないだろう。性愛は、人間が動物的肉体を持っているかぎりは存在するだろうところの本源的な獣性に属する一方では、性愛は精神の最高形式に似通っている。しかし性愛は、精神と本能とが正しく調和を保つ時にのみ花を咲かせるものであって、性愛にそのどちらか一方の角度が欠けると、禍が生ずるか、あるいはすくなくともともすれば病的なものへ陥りやすい、バランスのとれていない片寄りが生ずる。あまりに多くの獣性は文明人を歪曲し、あまりに多くの文明は病める動物を作り出す。性愛は人間に対して何となく扱いにくいものであるが、この扱いにくさはまさに今述べたディレンマを示している。性愛は、詮じつめれば何か圧倒的なものであって、自然と同じように人間はこれを、まるで無力なものでもあるかのように圧伏し利用することは出来る。しかし自然に対する勝利には巨大な犠牲が支払われるのだ。自然は原理的解明などというものを必要とせず、唯々として賢明な節度を以って自足しているのである。

賢いディオティーマがソクラテスにいっているように、「エロスは偉大な魔神《デーモン》」である。人間ははっきりと性愛の片をつけることはあるまいし、はっきりと性愛というものを始末しえたと思った時は自らに何らかの害を被っているのである。性愛が人間の中にある自然の全部だということはないが、すくなくともそれは自然の主要な面のひとつではある。そんなわけでフロイトの神経症に関する性理論は一箇の本物の、そして具体的な原理に基づいてはいるものの、しかし一面性と専一性の誤謬を犯しているのみならず、この、人間によっては捉えがたいエロスを、粗雑な術語で始末しようとする不用意をも犯している。ほかならぬこの点でフロイトは、世界の謎をきれいさっぱりと試験管の中で解決しようと意図した唯物論時代の典型的な一代表者である。[*1] フロイト自身、晩年には自分の理論の片寄りを認めて、彼がリビドと名づけたエロスに、破壊乃至は死の衝動を対置させた。[*2] 彼は遺稿の中でこういっている、「永い躊躇と動揺ののちにわれわれはただ二つの根本衝動、すなわちエロスと破壊衝動を仮定する決心をした。……前者の目標は次第に大きな統一体を作り上げ、これを維持するにある。つまり結合が前者の目標である。後者の目標はこれとは逆に、結ばれているものを解きほぐし、こうして事物を破壊するにある。……だからわれわれは後者を死の衝動とも名づける」。

*1　ユング『文化史的現象としてのジークムント・フロイト』(『心理学論稿』第四巻、一一九頁以下)。

*2　この概念はもともと私の女弟子ドクトル・エス・シュピールラインに出たものである (*Die Destruktion als Ursache des Werdens* in *Jahrb. f. psychoanalyt. u. psychopathol. Forsch.*, 1912, Bd. IV, 1. H., S. 465 ff. を参照)。フロイトはこの業績に言及している。フロイトはその著『快感原則の彼岸』第五章に破壊衝動を導入している。

私は以上の如く紹介するにとどめて、この構想の不確かさを詳しくは論じない。人生が一切の出来事と同じく始まりと終りを持ち、すべての始まりはまた終りの始まりであるということは説明を要せずして明かなのだ。フロイトが考えていることは、恐らくつきつめてみれば、すべての出来事は一箇のエネルギー的現象であり、エネルギーというものはただ対立緊張からのみ生じうるという事実なのであろう。

第三章　他の観点・権力への意志

これまでわれわれはこの新しい心理学の問題を主としてフロイトの立場から考察した。疑いもなくわれわれはそれによってあるものを――しかもわれわれの誇り、われわれの文化意識がそれに対しては「否」といいかねない何か真実のものを見た。しかしそれに対してはわれわれの中の何ものかは「しかり」というのである。多くの人間にとって、そこには何かこういらいらさせるもの、抗弁したくなるようなもの、あるいはそれ以上に、何かわれわれを不安にさせるものがある。だからこそ世間の人々はフロイトの説を承認したがらないのだ。たとえば小さな弱点や醜さから成っているばかりでなく、まさに魔力的な動きから成っている影の面をも人間が持っているということには、何かしら怖ろしいものがある。個々人がそういう影の面について知っていることは稀である。なぜなら個々の人間にとって、自分の中にはどういう風にしてであるかそれはわからないが、とにかく自分を越えてのび上っているものがあるということは信じがたく思われるからだ。しかしこれら罪のない個々の人間を大勢集めて集団にしてみると、そこからはひょっとすると、わけのわからぬことをいう一個の化物が生れてくる。そして個々人は、この化物のからだを構成している最も小さな細胞にすぎない。そして個々人はその巨大な化物のからだの中で、よかれあしかれ、野獣の血の饗宴を倶にし、場合によっては全力を尽してこの饗宴を手伝う以外のことは何もなしえないのだ。こういう影の面の持つ諸々の可能性にぼんやりと気づいているものだから、世間の人々は人間に影の面があるということを承認したがらないのだ。世間の人たちは盲目的に、原罪という有益なドグマに反抗する。しかしこのドグマは文句のつけようもなく真実なのだ。いやそれどころか、人間は自分がはっきりと感じ取っている葛藤を自分自身に承認することを躊躇する。どんなに片寄ったものにせよ、人間の心の暗黒面に足場を持つ心理学は世間から歓迎されず、歓迎されないばかりか恐怖心をかき立てる。それというのも、そういう心理学は、われわれにこの問題の持つ底なしの不気味さとの対決をせまるからだ。ほのかな予感はわれわれにこう語り告げている、「われわれはそういう影の部分をぬきにしてはまとまりある全体を成していることができない。われわれは肉体を持っている。が、われわれの肉体はあらゆる肉体の例に洩れず不可避的に影を持つのだ。もしわれわれがほかならぬこの肉体を否定したならば、われわれは三次元的ではなく、平面的な且つ実体を失った存在になってしまうだろう」と。ところがこの肉体なるものは、けだものの心を持った一個のけだものなのだ。すなわち肉体とは、衝動に絶対的に服従するところの、生命を持った一組織なのだ。この影と結合するということは、衝動を肯定することを意味し、従ってまた、不気味に背景に立ちはだかっているところの、あの巨大な動きを肯定することを意味する。キリスト教の禁欲的道徳は、人間の獣性を最も深い根柢において傷つけるという危険を冒してまでも、人間を肉体から解放しようとするものである。

ひとは、「衝動を肯定する」とはどういうことであるかを、はっきりさせたことがあっただろうか。ニーチェはそうしようとし、それをわれわれに教えた。しかも彼は真剣だった。いや、彼は稀に見る情熱を以って超人という理念(すなわち自己の衝動に服従しつつ、その上自己自身を超越する人間という理念)に自己自身を、その全生涯を犠牲にしてしまったのだ。ニーチェは自分から『ツァラトゥストラ』の中でこれを預言した。つまり「飛び越えられる」ことを欲しなかった「人間」・縄渡りの男の、かの警告的な墜死においてこれを預言した。死に行く縄渡りの男に向ってツァラトゥストラはいう、「君の魂は、君の肉体よりも速く死ぬだろう」。そしてのちには小人がツァラトゥストラに向ってこういうのである、「ツァラトゥストラよ、賢者の石なるツァラトゥストラよ、君は自分を高く投げ上げた。だが、投げ上げられた石という石はみな——墜ちなければならないのだ。君自身へ、又、自分自身の石化へと君は宣告されているのだ。ツァラトゥストラよ、成程君は石を高く投げ上げた——が、石は君の上に落ちてくるだろう」。——ニーチェが自分について「見よ、ここに人あり」と叫んだ時、この「見よ、ここに人あり」という言葉が生れたあの昔と同じように、それはもう遅すぎたのだ。そして肉体が死滅するより以前に、魂の磔刑が始まったのである。

ニーチェのように衝動肯定を説いた者の生涯を批判的に眺めてみると、そういう説を成した者の身の上にこういう説の及ぼす諸々の影響を吟味することが出来る。そんなつもりでニーチェの生涯を考察すると、われわれはニーチェは衝動の彼岸、英雄主義の高原空気の中に生きていたといわざるをえない。そしてその高みは念入りな食餌と微妙な空気と、殊にまた非常に多くの睡眠剤とによって維持されて、しかも遂に緊張は脳髄を破壊するに至ったのである。彼は「肯定」について語ったが、生に対する一個の「否」を生きた。ニーチェの人間嫌悪、殊に衝動に駆られて生きる人間獣に対する嫌悪はあまりにも大きかった。彼はよく夢にひきがえるを見た。そして自分がそのひきがえるを嚥み込みはしないかと懼れた。が、彼にはこのひきがえるを嚥み込むことが出来なかったのである。ツァラトゥストラの獅子は、一緒に生きようと叫ぶすべての「より高き」人々に吼えかかって、彼らを無意識の洞窟へ逐い戻した。だから彼の生涯は彼の教えをわれわれに納得させてはくれぬ。蓋し「より高き」人間はクロラールなしでも睡りうることを欲し、「霧や影」がひどいのにもかかわらずナウムブルクやバーゼルでも生活しようとし、彼はまた畜群中に声望と威信をえんとし、俗物的なものはいうまでもなく、無数の凡庸事を欲する。ニーチェはこの衝動、つまり動物的な生の衝動に従って生きなかった。ニーチェは、その偉大と意義とには無関係に、一個の病的人間だった。

しかしニーチェが衝動に従って生きなかったとすると、彼は一体何によって生きたのか。彼が事実上彼の衝動に向って「否」といったからといって、われわれはニーチェを非難していいものだろうか。非難されたりしたら、ニーチェは大いに不服だったろう。いや彼は、彼が最高度に自分の衝動に従って生きたことを易々と証明しえただろうと思う。しかしわれわれは呆れてこう問わざるをえない、つまりほかならぬ人間の獣性がニーチェをまさに人里離れたところへ、絶対的な人間的孤独へ、嫌悪感によって遮蔽された、畜群の彼岸へと連れ去ったということは、どうして可能となりえたのか、と。衝動というものはまさしく人間を一緒にし、ひと組にし、生殖し、快楽と安易を、一切の官能的願望の充足を目ざすものだと考えられているのだから。だがそんな風に考えるわれわれは、それは可能なる衝動方向の中の一方向にすぎぬということを忘れているのである。衝動には種保存の衝動のみならず、自己保存の衝動もあるのである。

　ニーチェははっきりとこの第二の衝動、すなわち権力への意志について語っている。ニーチェは衝動的なものは一切合切、権力意志に従属するものと考える。フロイトの性欲心理学の立場から見れば、これは途方もない誤謬であり、生物学の誤解であり、デカダンな神経症者の失敗である。なぜなら、ニーチェの世界観及び人生観の含む一切の緊張的な英雄的なものは、フロイト心理学が基本的なものと見なしているところの「衝動」の抑圧並に誤認の所産にほかならぬということを証明するのは、フロイト一派にしてみれば実に容易な仕事なのだから。

　ニーチェというケースは、一方において神経症的一面性の所産のいかなるものであるかを示すとともに、他方またキリスト教を超越することが内包している諸々の危険のいかなるものであるかを示している。疑いもなくニーチェは心中深く獣性のキリスト教的否定に同感していたのだ。

そして善悪の彼岸にあるより高き人間的全体性を追求した。キリスト教の根本態度を真面目に検討しようとする者は誰でも、キリスト教が与えてくれる庇護を失わざるをえない。キリスト教批判者は不可避的に自己自身をけだものの魂に引き渡してしまうのだ。それがディオニュソス的陶酔の瞬間であり、前代未聞の戦慄を以って何も知らぬ人間をつかむ「ブロンドの野獣」の圧倒的啓示なのだ。感動は彼を英雄へと、あるいは神に似た存在へと、人類に優越する偉大さへと変様せしめる。彼が「善悪の住する境を距たること六千フィート」にその身を置くと思い込むのもむべなるかなである。

心理学者はそういう状態を「影との同一化」と呼んでいる。これは、無意識と衝突する瞬間には必ずといってもいいほどに起る一現象である。こういう状態に陥るまいとしたら、慎重な自己批判以外に打つ手はない。何よりまず第一に、ひとが世界震撼的真理を発見したなどということはひどく眉唾ものである。そういうことは世界史上滅多に起るものではないのだから。第二にそんな場合には、似たようなことがやはりもうどこかほかのところで起っていはしなかったか、慎重に調べてみる必要がある。たとえばニーチェにしたって、彼は文献学者だったのだから、疑いもなく彼の気を鎮めてくれたにちがいないような類似の事例を古代世界に若干発見しえたにちがいないのだ。第三に考慮せられるべきは、ディオニュソス的体験は異教的宗教形式への逆転以上のものではありえず、そうだとすればそれは結局のところ何らの新発見をも意味せず、同じ事件が事新しく始めからやり始められたにすぎないということである。第四にわれわれは、われわれの気分は最初の間こそ英雄的・神的な高みへと悦ばしく高揚されるが、のちには同じ程度に深く墜落して行くのは必至だということを予め見てとらざるをえない。こうすれば、そういう高揚状態の全体を少々辛い山登りにくらべてみるという有利な立場に立つことも出来るだろう。山登りが終ればまた永遠の退屈な日常生活が始まるのだ。山の小川は谷に注ぎ、谷川はやがて水面の広い河となり、河は平野に流れ向うように、人生は平凡な日常のうちにのみ営まれるばかりか、一切をまた平凡な日常事に変ぜしめてしまうのだ。異常なものも、もしそれが破局を招き寄すべきでないのなら、日常生活のかたわらに首を出して差支えないのだ。ただしあまり頻繁であっては困る。英雄主義が慢性化すれば、痙攣に終るし、痙攣は破局に導くか、神経症へと導くか、あるいはその両方を結果する。ニーチェは極度の緊張状態裡に終始した。だが彼はその同じ緊張状態でキリスト教の中にも頑張り通せた筈だ。これでけだものの魂という問題は少しも解決されたことにはならない。なぜなら緊張して恍惚となったけだものなどというものは考えられないのだから。けだものというものは些かの過不足もなく自分の生命の法則を充たすのである。それは従順とも敬虔とも見ることが出来る。しかし恍惚状態に陥っている者は、生命の法則を飛び越えて、自然の眼から見れば秩序を乱す振舞いをする。秩序を乱すということは人間の占有特権である。人間の意識と自由意志とは時によると自然に抗ってその獣性の中にある自然の根から自己を解放しうるのだ。この一特性は一切の文明の欠きがたい根柢だが、この特性が過度に発達すると心の病患の原因となるのである。われわれが文明を堪え忍ぶにも限度があり、その限度を越えると唯では済まなくなる。文明対自然という果しないディレンマは結局のところいつも、「多すぎるか、すくなすぎるか」の問題なのであって、「文明か、自然か」なのではない。

ニーチェのケースはわれわれをつぎのような問題の前へ連れて行く、影との衝突がニーチェに啓示したところのもの、すなわち権力への意志は、何かしかるべからざるものとして、抑圧症状として理解さるべきなのか。権力意志は本来的なものなのか、あるいは単に何か副次的なものなのか。もし影との葛藤が性欲的空想をどっと放出したのであったならば、事態は至って明晰であっただろう。しかしそうなりはしなかったのである。尨犬の正体はエロスではなかった。自我の権力だった。われわれはここからして、抑圧されたのはエロスではなく権力意志だったという推論をなさざるをえないだろう。ところでエロスは本来的なものだが、権力意志はそうではないという風に考えるいわれは全くないと私は考えるのだ。たしかに権力意志はエロス同様偉大なデーモンであり、エロス同様に古く、本源的なのである。

だが、類稀な徹底さを以って、根本にある権力衝動の本性に沿って悲劇的な終局へと生きぬかれて行ったニーチェの生涯の如き一生涯を、本来的なものというには当らぬときめつけるのはよろしくあるまい。そういってしまっては、ニーチェが自分の対蹠者たるヴァーグナーに下したのと同じ誤った判決をニーチェに対して下すことになるのだろう。ニーチェはヴァーグナーに対してこういっている、「ヴァーグナーにあってはすべてがにせものだ。本物は隠されているか、粉飾されている。彼は、言葉のあらゆる悪い意味と善い意味とにおいてひとりの役者なのだ」。一体どうしてこんな偏見が生じたのか。ヴァーグナーはまさにもうひとつ別の根本衝動の一代表者だったのである。ニーチェは、この別の根本衝動を見逃していたのだし、フロイトはこの別の根本衝動の上にその心理学を築いたのであった。フロイトもこの別の根本衝動、すなわち権力衝動に気づいていなかったわけではない。フロイトのいわゆる「自我衝動」というのがそれである。だがこの自我衝動はフロイトの心理学の中ではもう一方の性欲衝動が充分に、充分すぎる位に論究されているのにくらべると、やや影が薄い存在である。だが実際には人間の本性は、自我の原理と衝動の原理との間の戦いが残酷に果しなく続けられて行く舞台なのである。自我はつねに制限を加えることしか識らず、衝動は際限もなく自己を満足させようとし、両者の力は伯仲している。人間は一方の衝動しか意識していないということは、ある意味では仕合わせなことだといってもよかろう。だから又、もう一方の衝動と近づきにならないように用心するのは賢明なことだともいいうる。しかし人間はもう一方の衝動を自覚してしまうと、もう万事休すである。つまりそうなると彼はファウスト的葛藤に陥るのである。ゲーテは『ファウスト・第一部』で、衝動の容認が何を意味するかをわれわれに示した。第二部では自我及び自我の不気味な無意識的世界の容認が何を意味するかを示した。われわれの内部にある一切の下らぬ・矮小な・卑怯なものは、この戦いに尻込みして、身を屈める。——そしてそうするためにはここに恰好な一手段がある。すなわちひとは、自分の中にある（自分のものでないような）「別のもの」は「別のひと」であり、しかも悪い下らぬ軽蔑に値するような事柄を考え・行い・感じ・目ざすところの、現実のひとりの人間だということを発見するのだ。こうしてひとは案山子をつかまえて、案山子を相手に悠々として戦端を開く。さてここから生れてくるのがかの慢性的病的嫌忌症である。風俗史を見ればその実例若干がすぐ見つかる。殊更はっきりした一例は、既にいったように、「ニーチェ対ヴァーグナー、対パウルス」等である。しかし平凡な人間生活中に、こういうケースはいくらもころがっている。ひとはこの巧妙な手段によって、そのためには自分に勇気も力量も欠けているファウスト的戦いをしないで済ますことが出来るのである。ところが自分の全体をしっかりと握っている人間は、彼のどんなに手剛い敵でも、いやそういう敵が束になってやってきたって、あるひとりの最も怖るべき敵、つまり「わが胸の中に住む」自己自身の「もうひとりの人間」には到底かなわないということを知っているのだ。ニーチェはヴァーグナーを自己自身の中に持っていたのだ。だから彼はヴァーグナーのパルジファルを羨んだのである。いや、事情はもっと悪いのだ、彼ザウルスはパウルスをも自己自身の内部に持っていたのだ。だからこそニーチェは精神の「聖痕をつけられし人」となったのである。彼は、彼の裡なる「もうひとり」が彼に「見よ、ここに人あり」を示した時、ザウルスのようにキリスト教帰依を体験せざるをえなかった。「十字架の前に折れ崩れた」のは誰だったのか——ヴァーグナーか、あるいはニーチェか。

ほかでもないフロイトの最初の弟子のひとり、アルフレート・アードラーが専ら権力原理に基礎づけられた神経症の本質に関する見解を唱え出したということは、運命の計らいであったといってもいいだろう。* 同じ事柄が正反対の立場から眺められるとどんなにちがって解釈されるかを見るのは、面白いのみならず、特別の魅力を持っている。両者の相違の主な点を前以っていうならば、フロイトにおいては一切が厳密に因果的に先行の諸事情から出てくるのに、アードラーでは一切が目的的に制約された用意なのである。簡単な例を引こう、ある若い婦人が不安の発作に襲われ始める。夜、彼女は夢にうなされて、金切り声を挙げて飛び起き、夫が慰めても不安は去ろうとせず、夫にしがみつき、自分を棄てないでくれとしつっこくいい、幾度もいくども夫が彼女を本当に愛しているということを夫にいわせる。そこから次第に神経性の喘息が出てきて、この喘息はのちになると日中でも発作的に現れるようになった。

＊『神経的性格について』一九一〇年。

フロイトの方式に従うと、この場合直ちに病像の内的因果関係へ突込んで行く。最初の頃の悪夢の内容はどういうものだったか。彼女は野獣、獅子、虎、悪漢などに襲われる夢を見たという。そういうものを念頭におくと彼女はどういうことを思いつくか。彼女はまだ独身だった頃に経験した一事件を思い出す。つまり彼女は山間の保養地にいた。滞在客はよくテニスに打ち興じた。そんな場合にありがちの知人が幾人か出来た。そういう人たちの中にイタリア人がひとりいた。このイタリア人は特にテニスが上手で、夜になるとギターを弾いた。彼女とこのイタリア人との間には淡い恋愛関係が成立して、月夜にふたりで散歩をするまでになった。この時、「不意に」南国イタリアの血が沸き立って、それがそんなことになろうとは想像もしていなかった彼女をひどく驚かせた。その際、「彼はわたしを」その後どうしても忘れることの出来ないような眼つきで「じっと見つめたのです」。この眼つきが夢の中にまでも彼女を追いかけてきた。彼女目がけて迫ってくる野獣もそんな眼つきをする。だが、その眼つきは果して実際にイタリア人にのみ由来するものであろうか。これに関しては、彼女のもうひとつ別の記憶が解明の手がかりを与えてくれる。彼女の父親は、彼女が十四歳位の時に不慮の死を遂げた。父親という人は世間の広い人で、よく旅行した。死ぬ少し前、父は彼女をつれてパリへ行った。パリでは「フォリ・ベルジェル」へも出かけた。その「フォリ・ベルジェル」で彼女はあの強烈な出来事にぶつかったのである。つまり「フォリ・ベルジェル」から外へ出ようとして人々が押し合いへし合いしていた時、厚化粧をした婦人がひとり、ひどくあつかましく父親のそばへすり寄ってきた。彼女はびっくりして、父親がどうするだろうかと思って父親を見た——その時、彼女は父親の眼の中にまさにあの眼ざし、あの動物的にぎらぎらと光る眼ざしを見たのである。当時彼女はこの不可解な何物かに夜となく昼となく追いかけられた。彼女の父親に対する関係はこの時から一変した。焦々として、毒を含んだ意地悪な気分になるかと思うと、こんどはまたばかに父親を慕ったりした。そのうち全然理由もないのに痙攣的に泣き出すようになった。また暫くの間は、父親がうちにいる時に限って、食事時に外見上は窒息発作のような発作が起り、怖ろしく噎せて食物が喉を通らなくなった。この窒息発作が起ると、その後大抵は一日か二日、声が出なくなってしまう。父親急死の報せが齎された時、彼女は身も世もなく嘆き悲しんだが、やがて、それはヒステリー性の痙攣的な笑いに変った。その後容態がよくなって、急速に恢復に向い、神経症的な症状は殆んど消滅してしまった。記憶喪失の薄ぎぬが過去を覆った。ただイタリア人とのいきさつだけが、彼女の心の中にあって、それに対して彼女が恐怖を覚えているあるものに触れたのであった。その時彼女は素気なく相手の男と別れた。二、三年経って彼女は結婚した。ふたり目の子供を産んだのち、問題のノイローゼが始まったのである。また丁度その頃、夫が別の婦人に対して一寸した恋心を持っているということが彼女にわかったのであった。

以上の身の上話には色々と疑わしい点がある。たとえば彼女の母親はどこにいるのだろうか。母親は非常に神経質で、ありとあらゆる療養所や治療手段を試みたということである。母親も彼女と同じように神経性の喘息と不安の症状に悩まされていた。彼女が思い出しうるかぎりでは両親の結婚生活は味気のないものであった。母は父を充分に理解していなかった。患者は、自分の方が母親よりもずっとよく父親の気持がわかるという感じを持ち続けていた。それに患者は父親の大のお気に入りだったし、それに逆比例して母親に対しては内心いつも冷たかった。

これらの手がかりは、病歴の経過を概観せしめるのに充分である。現在の諸症状の背後には、まずイタリア人とのいきさつに結びつく空想が潜んでおり、その空想は明かに父親に関係している。父親の不幸な結婚生活は、本来母親によって占められるべきであったポジションを乗っ取るというきっかけを現在の患者たる娘に提供したのであった。この乗取りの背後には、自分こそ本来父親にふさわしい女だという空想が立っていることはもちろんである。ノイローゼの最初の発作は、この空想が手痛い衝撃——母親もまたかつて受けたのと同じ手痛い衝撃（父親の浮気は現在の患者である娘には当時むろん知られていなかったが）を受けた瞬間に起ったのである。この患者の諸症状は、裏切られた、酬いられなかった愛情の表現として容易に理解される。噎せることは、すっかり「嚥み込んでしまう」ことの出来ない激情の周知の随伴現象であるところの、頸部の収縮感に基づくのである（周知の通り言語の比喩はしばしばこういう生理学的現象に関係する）。父親が亡くなった時、なるほど彼女の意識は死なんばかりにふさぎ悲しんだのだが、しかし彼女の影は笑ったのだ。いつも将来を見通して、山を下る時には悲しむが、苦労して山を登って行く時には上機嫌のティル・オイレンシュピーゲルの伝である。父親がうちにいる間は彼女はふさいでいて、病気だったが、父親が留守になると、彼女はいつも気分がよくなった。世間の夫や妻が、互が互にとっていついかなる場合も、又、絶対的に欠きがたい存在であるわけではないという、あの甘美な秘密を、互に胸の中に隠し持っているのと同じようなものである。

当時彼女の無意識が一種の正当性を以って笑ったということは、それに続く完全に健康な時期において証拠立てられた。彼女は一切の過去を忘れ去ることに成功した。イタリア人とのいきさつにして初めて彼女の影の世界の蓋を再び持ち上げそうになったのである。しかし彼女は素速く蓋を閉じてしまって、依然として健康でいられたのだが、いわば完成された妻と母という状態にあって、もう峠は越したと思い込んだ時になってノイローゼが鎌首を拾げてきたというわけである。

性欲心理学で解釈するとこうだろう、ノイローゼの病因は、この患者が根本的にはまだ父親から離れ切れずにいたという事実に求められる。だからこそ又、彼女が以前父親にこれを認めて圧倒的な印象を与えられたあの眼ざし、あの神秘的なあるものをイタリア人の眼のうちに見出した時、父親のことが再び思い出されたのである。むろんこれらの記憶は、患者のノイローゼの誘因となった、夫との間の類似の経験（夫の浮気）によって再び活々としたものになる。だからこういえるだろう、この患者のノイローゼの内容と基礎は父親への空想的な、幼児性愛的関係と、夫への愛情との間の葛藤である、と。

しかしこの同じ病像を「別の」衝動の立場、すなわち権力意志の立場から眺めると、事態は一変する。両親の不幸な結婚生活は、子供の権力本能にとっては絶好の機会であった。すなわち権力衝動は、何がなんでも自分が「上に」いることを欲する。そうなるように直接間接に工夫する。何はさて措き「人格の不可侵性」が保持されねばならぬ。自己をほんの少しでも屈せしめようとするところの、周囲の一切の試み、そういう意図を持っていそうに見える試みに対してすら、自己は（アードラーの術語でいえば）「男性的抗議」を以って答えるのである。従って母親の幻滅とノイローゼへの転落は、権力伸展と「牛耳る」ことのためには又とない好機を作り出した。愛情とお行儀のよさは、権力衝動の立場からは周知の如く目的への優れた手段である。品行方正は承認（賞讃）を他人から強制的にかちうる役目をすることが稀ではない。彼女は小さな子供だった時既に、特に可愛らしい愛想のいい態度振舞いによって父親の寵をえ、まず母親を出しぬくことが出来た。――しかし、それは父親への愛情からではない。愛情は「牛耳る」ことのための恰好な一手段なのである。父の死に際して起った笑いの痙攣はこれに対する見事な証明である。こんな風に愛情というものを解釈すると、ひとはそれを、愛情というものの価値をおぞましくも奪うものと考えがちだ。悪意のある誣告とは思わないにしても。――しかし一瞬熟慮して、そのあるがままの状態において世間というものを眺めてみるがいい。永いこと愛していて、また自分たちの愛情を信じていて、さて目的が達せられてしまうと、まるで全然愛したりしなかったようにそっぽを向いてしまう人が世間にはいくらもいるではないか。そして最後にもうひとついえば、自然もまたまさにそんな風に振舞いはしないか。「目的のない」愛情というものがそもそもありうるだろうか。あるとしたら、それはきわめて稀な、最高の美徳に属するといわねばならない。またわれわれには一般には愛の目的についてはなるべく考えないようにする傾向もあるらしい。そうでなかったら、自分の愛情の価値を有利でない照明下においてみせてくれるような色々の発見をしていた筈である。

つまり患者は父の死に際して痙攣的に笑ったのだ。――彼女はやっとのこと「ひとの上に立った」わけだ。それはヒステリー性の笑いの痙攣であった。だからそれは心因性の一症状であり、意識的な自己の諸動機ではなくて無意識的動機から出てきたものである。これは軽視すべからざる相違だ。この相違は同時に、ある種の美徳はどこから出てきたものであるか、またなぜ発生したのかを窺わしめる。美徳の反対物は地獄へ、ということを現代風にいい現わせば無意識へ逃げて行ってしまったのだ。無意識界にはそのずっと前から、われわれの意識的美徳の反対物が寄り集まってきているのである。だからこそわれわれは品行方正という見地からして既に、無意識のことについては決して耳を傾けようとはしないのだ。それどころか、「無意識などというものは存在しない」と主張することは品行方正の最たるものである。だが残念ながらわれわれは誰もE・T・A・ホフマンの『悪魔の霊薬』中の修道僧メダルドゥスと変りはないのだ。われわれには誰にもどこかにひとりの不気味な怖ろしい兄弟がいる。われわれ自身の、肉体を具えた、血でわれわれと結ばれたわれわれの反対物、何でも持っていて、意地悪くため込んでいる悪人がいるのだ。だがわれわれは何とかしてこのことを思い出すまいとしているのである。

さてわれわれの女性患者のノイローゼの最初の発病は、父親の中には娘である自分の手に負えぬものがあるということを知った時であった。そしてその時、母親のノイローゼが何に役立ったかということを彼女は天啓をえたように悟ったのである。彼女は父親の中のあるものにぶつかった。ところがこのあるものは、理性的な便利な手段を以ってしてはどうにも征服出来ない。しかしここに彼女が従来はそれに気づかずにいたところのひとつの処置方法があった。その方法は彼女の母親が彼女のために予め発見しておいてくれたものである。ノイローゼがすなわちそれだった。そこで彼女は母親のノイローゼを模倣するということになる。しかし、とひとは反問するだろう、一体ノイローゼにどういう効用があるのか、と。ノイローゼにどういうものが作り出せるというのか。周囲に明白なノイローゼ患者を持っている人なら、ノイローゼがいかに色々なものを作り出せるものであるかを知っているだろう。家の中全体を自分のために動員するのには、ノイローゼに勝る手段はないのだ。殊に心臓異常、窒息発作、あらゆる種類の痙攣は、ほかのものでは作り出せないような途方もない効果を作り出す。皆の同情が一身に集まる、両親の心配不安、走り使いが往ったり来たりする、電話のベルが鳴る、医者が駈けつけてくる、困難な診断、詳密な診察、永い治療、巨額の支出、そういうものに取りかこまれて、無邪気にも苦しむ患者が寝ているのだ。そして痙攣に堪えぬくと、周囲の人たちはあろうことか患者に対して感謝までする始末である。

この素晴らしい「処置」（アードラーの用語）をあの娘は発見して、父親が存命の時はこれを用いてそのつど成功を収めた。父親が死んでしまうと、この処置は不用になった。なぜなら今や彼女は遂に「頂上」に立つことになったからである。例のイタリア人は、彼が丁度時期的にうまい時に自分が男であることを彼女に意識させることによって、彼女が女であることを強調しすぎて、さっさと見棄てられてしまった。しかししかるべき結婚の可能性が現れた時、彼女は相手の男性を愛して、文句もいわずに妻たるの、また母たるの運命に従った。有難い優位が続いている間は万事がまことに好都合に運んで行った。が、夫が一寸浮気心を起した時には、彼女は以前と同じように、例のきわめて有効な「処置」、つまり間接的暴力行使に出でざるをえなかったのである。というのは再び彼女はあのあるものにぶつかったからだ。既に父親の場合、彼女の手に負えなかったあのあるものを、こんどは夫のうちに見出したわけである。

権力心理学の見地からすれば、事態は上述の如くになる。恐らく、以上のようなことをきかされた読者は、あの回教国の裁判官のようなことになりはしないだろうか。この裁判官の面前で、まず一方の側の弁護士が弁じ立てて、弁論を終えると、裁判官は「なるほど尤もだ、君の言い分が正しい」という。それから反対派の弁護士が弁論を終えると、裁判官は耳のうしろを掻きながら、「なるほど尤もだ、君の言い分が正しい」というのである。——権力衝動が非常な役割を演ずるということはたしかだし、ノイローゼの症状コンプレクスが、信ずべからざる執拗さと独特の狡猾さとを以って冷酷無慙にその目的を追求して行くところの実に巧妙な「処置」であることもたしかなのだ。ノイローゼは目的から割り出された方向を持っている。これを証明したことがアードラーの高い功績だったのである。

さてどちらの立場が正しいのか。これは始末のつけにくい難問だ。以上の二つの説明方法をあっさり合わせて一つにすることは出来ない。両者は根本的に相反しているのだから。フロイトの立場ではエロスとエロスの運命とが最高の決定的な事実であり、アードラーにとっては自我の権力こそそれなのだ。前者から見れば、自我は単にエロスの附随物にすぎず、後者からすればエロスは「頂上に立つ」という目的のための一手段にすぎない。自我の権力を重大に考える人は、フロイトの説に反対するし、エロスこそ肝要だと見る人はアードラーの説を絶対に容れえまい。

第四章　対応タイプの問題

I

前二章において紹介した二理論が両立しがたいという事情は、これら両理論を統一せしめうるような高次の一立場を要求する。一方をよしとし、他方を非とするのは容易であろうが、そうすべきではあるまい。なぜなら両理論を成心なく吟味するならば、両者がそれぞれに重要な真理を含んでいることは否定しがたく、いくら両者の説くところが喰いちがっていようとも、一方が他方を完全に否定しうるとは思われない。フロイトの理論は、それとは逆の理論に思いを及ばしめることが不愉快に感ぜられるほどに簡明直截で魅力的だ。だがそれと全く同じことがアードラーの説にも当てはまるのである。アードラーの説だって非常に簡明で、フロイトの説と同じ程度の事柄を同じ程度に見事に説明してくれる。だからこれら両派の支持者たちが執拗頑固に一面的な自説の正しさを主張して譲らぬというのもまことにむりからぬことだ。人情としてやむをえまいが、彼らはみなきちんと割り切れてまとまった理論が諦めきれず、そのために矛盾撞着を背負い込んだり、わるくすると相矛盾した諸見地を取り容れて混乱をきたしてしまう。

ところで両理論は広範囲に亙って正しいのだから、というのはつまりその取扱う材料を一応見事に説明しえているのだから、どうやらノイローゼというものには二つの相反する面があるとしなければならぬのではないか。そしてその一方がフロイトの理論によって捉えられており、他方がアードラーの理論によって捉えられているのではあるまいか。だが一方の学者が二つの面のうちの、ただ一方の面ばかりを見、他方の学者が同じく他の一面のみを見ているというのはどうして起ったことなのであろうか。そしてなぜ両者はそれぞれに、自説こそ唯一の正しい説であると信じ込んでしまうのだろうか。それは恐らくこうなのだろう、これら二学者は自分たちの心理学的特性の故に、彼らの特性に照応するような面をこそ最も容易に見てとっているからなのではなかろうか。アードラーは、フロイトが接したのとは全くちがったケースのノイローゼばかりを手がけてきたというようなことはありうることではない。明かに両研究者は同一の経験材料から出発しているのだ。しかし両者はその個人的特性からして、事物を見るのにそれぞれ別の見方をするからこそ、両者は根本的に相異なった見解や理論を展開せしめることになったのであろう。自分が従属的であり劣等であると感じている主体が「抗議」や「処置」やその他目的に役立つ「術策」によって錯覚的優位を確保しようと努める（両親に対してであれ、先生、上役、権威に対してであれ、また状況、制度その他もろもろの事柄に対してであれ）有様をアードラーは見てとるのである。アードラーに従えば性欲さえもかかる術策の一つにほかならぬ。かかる見方の根柢には主体の異常な強調が横たわっている。そして、主体が強調されているのに反して、諸客体の特性や意義は全く顧みられていない。客体はせいぜいのところ圧迫傾向の担い手としてしか顧みられていない。性愛関係及びその他の、客体に向けられた欲求というものがアードラーにおいても（権力欲求と）同様に本質的な要素として存在していると考えても間違いではなかろうと私は思うのだが、そういう諸要素はアードラーのノイローゼ理論においては、フロイトにおけるが如き原理的な役割は演じておらぬのである。

　フロイトは自分の患者を、重大な客体にいつも依存しているものと見、又、重大な客体への関係のうちに見るのである。父親と母親とは大きな役割を演ずる。それ以外の、患者の生涯における重大な影響乃至は諸条件があるとしても、それらはすべて両親という、この基本的勢力へと直接に因果的に結びつくものと考えられている。フロイトの理論の「さわり《ピエス・ド・レジスタンス》」は転移概念である。すなわち医者に対する患者の関係である。いつでもある特定の性質を持った客体が欲求の対象となったり、あるいはその客体に対して反抗が企てられたりするが、それは必ず、最も幼い頃にえられた「父と母とへの関係」という模範と一致しているのである。主体に発するところのものは、大体において、快楽への盲目的欲求である。この欲求の性質はつねに特定の客体によって定められる。フロイトにおいては、客体は最大の意義を持ち、殆んど客体だけが決定力を持っていて、主体は不思議と影が薄く、快楽欲求の源泉及び「不安の棲み家」以外の何物でもない。既にいっておいたように、なるほどフロイトも「自我衝動」というものを認めているが、しかしこの術語からだけでも、フロイトの主体に関する考え方がアードラーの主体の如き決定的契機とは全く異なったものであることが知られると思う。

両者とも主体を客体との関係において見ていることはたしかなのだが、しかしその関係の見方がいかにちがっていることか。アードラーではアクセントは主体にある。アードラーの主体は自己の地歩を確保し、あらゆる客体を抑えてその上に立とうとする。これに反してフロイトにあっては、アクセントは客体にある。客体はその特定の性質によって、主体の快楽欲求に対して促進的にはたらいたり、あるいは妨害的にはたらく。

かかる相違は、資性の相違、人間の精神の様態の二つのタイプの対立というよりほかはなかろう。その一方のタイプは決定的作用を専ら主体から導き出すのだし、もう一方のタイプは専ら客体から決定的作用を導き出してくるのだ。中庸的見解、たとえば「常識」的見地からすれば、人間の行動は主体の側から制約されていもすれば、また客体の側から制約されていもするということになるだろうが、アードラーもフロイトも、そういう常識的な見解に対しては、「自分たちの理論は、正常な人間の心理学的解明を意図するものではなくて、神経症に関する理論なのだ」と答えるだろう。だがそれならばフロイトは自分が扱うケースの若干をアードラー流に解明し治療しなければならないだろうし、アードラーにしたところが昔の先生フロイトの見方である種のノイローゼは治せそうなものではないか。ところがそんなことは、これまでフロイトもやらなければ、アードラーもやらないのである。

このディレンマを見て私はこう考えた、人間には相異なる二つのタイプがあって、一方はむしろ客体に興味を持ち、他方はむしろ自己自身（主体）に興味を持つのではあるまいか。その結果、一方が見るものと他方が見るものとは二つのちがったものになってしまい、そんなわけでそれぞれが全くちがった結論に到達してしまうのではあるまいか。前にもいったように、運命の計らいで、一方の医者のところへはただ特定の患者ばかりが押しかけるとは考えられないのだから。私自身や同業者たちを見て、私には夙うから気がついていることだが、ある医師には扱いやすいケースが、別の医師にはどうもうまく扱いかねるというようなことがあるのである。いうまでもなく、医者と患者との間がしっくり行くか行かないかということは、治療上実に大切なことなのだ。短期間のうちに医者と患者との間にある程度親密な関係が結ばれないようだったら、患者は医者を取り換えた方がいいのである。私はこれまで、この患者の性質は自分には向かないなと思ったり、不愉快だと思ったりすると、躊躇することなく、ほかの同業者へ差し向けるようにしてきた。それも私のためではなく、患者のためを思ってのことである。そんな場合はやってみたところで大した成績の挙がらないことはわかっているからである。誰にだってそれぞれ限界というものがあるし、殊に精神病医は自分の限界というものを絶対に忘れないようにしていることが望ましいのだ。あまりにも個人的な相違が大きかったり、乃至は「馬が合わ」なかったりすると、それ自体決して間違ってはいないところの異常な、無用の抵抗を患者の側に生ぜしめるものである。フロイト対アードラーの対立は、元々多くの可能なる対応タイプのひとつのケースにすぎず、ひとつの模範例にすぎないのである。

私は永年この問題を考えてみて、最後に、多くの観察や経験に基づいて二つの根本態度乃至は対応態度、すなわち内向型と外向型というものを立ててみようという気になった。正常な場合、前者の特色は「躊躇」、「反省」、「引込み思案」、「容易に胸襟を開かぬ」、「人みしりをする」、「いつも受身の姿勢でいる」、「自分を蔭の方において周囲を疑い深く観察する」などである。後者は正常な場合、迎合的、一見打ちとけた、気さくな態度をその特色とし、どんな状況にも容易に適応し、すぐ周囲と関係を結び、くよくよせずに、少し考えたらよさそうなのに考えもせず、自信たっぷりで未知の状況へ飛び込んで行く。前者にあっては、明かに主体が決定的であり、後者にあっては客体が決定的である。

以上はむろんこれら両タイプの粗描にすぎない。* のちに述べるように、実際の世間ではこういう二つの対応タイプの純粋なものは滅多に見られない。そこにはさまざまな変種があり、まざり合いがあり、どのタイプかと見極めるのはしばしば実に困難な仕事なのだ。なぜそこに色々のヴァリエイションが生ずるかというと——むろん個人差というものもあるが——それは、思考とか感得とかいうような、特定の意識機能が優位をしめているからであり、これが根本態度にそれぞれ特別な色彩を帯びさせるのである。根本タイプが他のものによって補償を受けることがしばしばあるが、これは概してその人に、自己の本性をその赴くがままに赴かしめることを思い切ってやれなくしてしまったような傷ましい人生経験によるのである。別の、たとえばノイローゼ患者の場合などは、われわれの直面しているのが果して意識的態度か無意識的態度かをきめかねるようなことがしばしばあり、これは人格分裂のために、ある時はその人格の一半が、別の時には他の一半が外に現れるので、そのためにわれわれは判断に迷うわけである。同じこの理由からして神経症患者と一緒に暮すということは非常に困難なのである。

＊ タイプ問題の詳論は拙著『心理学的タイプ』(一九四一年、第四版)にある。

前註中に述べた拙著で八つのグループに分けて記述しておいたところの、タイプの大きな相違が事実上存在しているので、私は上に述べた二つの神経症理論をタイプ上の対立の現れとして把握することができたわけだ。＊

＊ 八つのグループで、われわれの眼にふれる可能性のあるすべてのタイプが尽されたわけではない。そのほかタイプの相違を招来する根拠としては、年齢・性別・活動性・情意性・発達度などがある。私のタイプ区分法の基礎になったのは、意識が持っている四通りの方向づけ機能、すなわち知覚・思考・感得・予感(直覚)である。『心理学的タイプ』四九〇頁以下参照。

かかる認識とともに、上記の如き対立の上へ出て、どちらか一方のみをひいきせず、両タイプを公平に評価しうるような一箇の理論を作り上げる必然性も生じてきたわけだ。そのためには、上記二理論を批判することがぜひとも必要になってくる。両理論とも、調子の高い理想や、英雄的な人生態度や、情熱や、確信などに適用されると、それらを見るもむざんに、平板な現実へと還元してしまう傾向を持っている。だが本来は、これら両理論を今挙げたような事柄に適用してはならないのだろう。なぜなら両理論は、病的な有害なものを、鋭い非情のメスを揮って切り取ってしまうところの医師の道具箱の中にある治療上の器具にほかならないのだから。ニーチェは世にいわゆる理想を、人間の魂の中に病的に繁茂した雑草の如きものと視て（事実またそういう場合もあるのだ）、理想を批判してこれを打ち毀そうとしたが、まあそんな風に医者というものは病的なものを破壊しようと心がけるのである。両理論は、良医、本当に事情に通じている人間――ニーチェの言葉を藉りるならば「ニュアンスをつまむ指」を持っている人間によって運用されれ、魂の本当の病気に適用されるならば、結構な腐蝕剤であるし、慎重に投与されるならば個々の場合に大いに効果を挙げうるのだが、生かじりの者の手によって運用適用されると有害且つ危険である。それは批判的方法なのだ。だからあらゆる批判の例に洩れず、あるものが破壊され、解消され、還元されてしかるべき、又、そうされなければならぬ場合には、大いに為になるのだが、何かを築き上げようという場合に適用されると、それは必ずわざわいの元になるのである。

だから両理論が、毒薬と同じことで、医師の着実な手に委ねられているかぎりは、われわれとしても何も文句をいうことはない。だがこの腐蝕剤を有効に利用しうるがためには、人間の魂に関する非凡な知識が必要なのだ。病的で無用なものを、保存すべき・価値あるものから区別することが出来るのでなければならぬ。ところがこれは大変な仕事なのだ。一体この、心理学を生かじりにかじった医者が、浅薄な、えせ科学的な偏見に基づいて、どんなに無責任なことをやり出すか、これをまあ一度とっくりと知りたいと思う人は、メービウスのニーチェ論を見るがいい。あるいはキリストというケースを取扱った種々の「精神病学的」著作を見るがいい。――そういう風な理解の仕方をされる患者が心から可哀相になるだろう。

上記二理論は一般的理論ではなくて、いわば「局部的に」適用されるべき手段方法であり、従って解消的であり還元的である。両理論は一切の事柄に向って、「君は……にすぎない」というのである。両理論は患者に向って、「君のこれこれの症状は、これこれのところから出てきたものであって、これこれのものにすぎない」と説明する。こういう還元方法はそういう場合間違ったものであると主張してはむろんいけないだろう。だがこれら二理論が、病める心、及び健康な心の本質に関する一般的見解だということになると、こういう還元的理論だけではどうにもならないものではないのだ。人間の心は病んでいるにしろ健康であるにしろ単に還元的にのみ解明せられうるものではない。むろんエロスはつねに到るところに存在するし、権力衝動は魂の最も高いもの・最も深いもの一切を貫く。しかし魂はただエロスあるいは権力衝動、あるいはその両方を足し合わせたものであるばかりではなく、魂がそういうものを使って作り出したところのもの、及び作るであろうところのものでもあるのだ。ある人間がどういうものから出来上っているかを知っただけでは、その人間を完全に理解したことにはならない。それが問題であるのならば、その人間は何も生きた人間である必要はないだろう。だからそんなものをつかまえたって、生きた存在としての人間の正体はつかまりはしない。なぜなら人生は、生命は、「昨日」を持つばかりではないし、「今日」を「昨日」に還元してみせたところで、生命が解明されたことにはならない。生命というものは「明日」をも持っているのだ。「昨日」に関するわれわれの知識に、更に「明日」への萌芽を附け加えうる時にのみ、「今日」が理解されたことになるのである。このことは一切の心理学的な生命の発露、現れに妥当する。病的な症状にさえも当てはまる。ノイローゼの症状というものは、「幼児的性欲」にしろ「幼児的権力衝動」にしろ、かつて存在した原因の結果であるばかりではなく、同時にまた生命の新しい綜合への試みでもあるのだ。しかし急いで附け加えておくが、ノイローゼの症状は「失敗した試み」なのである。失敗した試みであるにせよ、それは試みにはちがいないのだから、そこに一片の価値と意味の存することは否定できない。それは内的及び外的自然の諸条件の不都合から起った失敗の試みなのである。

読者はきっとこう反問するだろう、一体全体この最も無用な、最も不快な、人類を苦しめるものであるところのノイローゼなどというものに、価値や意味がありうるだろうか、と。頭が少しおかしいということ――それがなぜいいことなのか、そんなことはありえよう筈はない、と。人間が寛容の美徳を身につけるようにとの配慮から、神さまは蠅やその他の害虫をお創りになったというような論法も成り立つが、自然科学の立場からすれば、そういう論法が馬鹿げたものであることは改めていい立てるまでもなかろう。しかしこの場合「害虫」の代りに「ノイローゼの症状」というものを置いてみると、上記の論法は心理学の立場からは至極尤もなものになるのである。下らぬ俗な考えを徹底的にやっつけたニーチェすら、一再ならず、彼がどれほど多くのものを彼自身の病気に負っているかを承認している。自己の有用性や存在理由を、ほかならぬ自己のノイローゼに負っているような人間を私はこれまでに幾人も見ている。そういう人間においては、もしノイローゼがなかったならば、その人間の生活はどんなことになっていたか知れたものではないのである。ノイローゼは、その人間の貴重な萌芽を発展させるような生活へとその人間を強制しているのだ。もしもノイローゼが強引に、その人間が本来そこに居るべきその場所へその人間を置き据えてくれていなかったならば、それらの貴重な萌芽はすべて窒息せしめられていたかもしれないのである。自己の生活の意味、自己の本義を「無意識」の中に所有し、彼にとっては誘惑であり邪道であるところの一切のものを「意識」の中に所有している人間がいる。またこれが逆になっている人間もいる。この後者にあってはむろんノイローゼは別の意義を持つ。そういう場合には広範囲に亙る還元が必要である。しかし前者の場合にはまさにその必要がないのだ。

そういわれてみると読者もなるほど若干の場合については、ノイローゼのかかる意義の可能性を承認する気にはなるだろうが、しかしすべての日常卑近の場合について、ノイローゼのかかる広範囲な意味深い有用性はこれを否定せざるをえないだろう。早い話が上に述べた喘息とヒステリー性の不安発作のケースのどこに貴重な価値あるものが含まれているというのだろうか。白状すると、このケースではノイローゼの価値というものは明かではない。殊に、このケースを還元的理論の立場から、つまり個人発達の「影の面」の立場から眺めると、そこが全然はっきりしない。

これまで述べてきた両理論に共通する点は、これら両者がいずれも人間の影の面に属するところの一切を容赦なくあばくということである。これら二理論は、病因の所在を明かにしようとする理論——というよりも仮説なのである。従ってこれら二理論は、ある人間が持っている諸価値を取扱わずして、妨害的に現れてくるところの、その人間の諸々の無価値を取扱うのである。

「価値」というものは、それによってエネルギーが自己を展開せしめうるところの一可能性である。ところでしかし無価値というものも同様にそれによってエネルギーが自己を展開せしめうるところの一可能性であるかぎりは——これはたとえばノイローゼにおける顕著なるエネルギー開示を見れば、明瞭にわかるだろう——無価値もまた本来は一個の価値なのだ。ただそれは、無益の有害なエネルギー開示を結果するところの価値なのである。エネルギーそのものは、善でもなければ悪でもない。有益でもなければ有害でもない。そうではなくて、一切はエネルギーが藉りるところの形式に懸かり存しているのだ。エネルギーそのものは中立的なものなのである。形式がエネルギーに性質を与える。他面またエネルギーなき単なる形式も同様に中立的なものである。だから本当の価値というものが出来上ってくるためには、一方においてはエネルギーが必要であり、他方においては価値ある形式が必要である。ノイローゼにおいては疑いもなく心的エネルギーは、価値劣等的な、有益に利用されがたい形式の中に存在している。* 上記両還元的理論の見解は、そういう価値劣等的な形式を破壊し解消せしめることに役立つのである。両理論はこの点において腐蝕剤として効力を発揮する。これによってわれわれは自由な、中立的なエネルギーを獲得する。さてこれまでつぎに述べるような仮説が行われていた、この新たに獲得されたエネルギーは患者が意識的に処理しうるエネルギーであるから、患者はこれを思うがままに利用しうる、と。エネルギーは性衝動力にほかならないと考えられたかぎりでは、そのエネルギーの、「昇華」という途を通じての利用ということが問題になった。その際、分析の助けを藉りて患者は性エネルギーを「昇華」させることが出来る、つまりそれを性的にではなく使用することが出来る（たとえば芸術に携るとか、その他何らかの善い、あるいは有益な仕事をするとか）という仮説が立てられていたわけである。この見解に従えば、患者は随意に、あるいは好みに応じて自分の衝動諸力の昇華を遂行する可能性を持っているわけである。

＊ 拙著『心のエネルギー的構造』（一九二四年）を参照。この書物の増補版は一九四八年『心のエネルギー的構造と夢の本質』という標題で出版された。

われわれにとって一般に自分の生活をそれがその上を動いて行くべき特定の路線の上にのせることが可能だというかぎりでは、以上の見解はある程度まで正しいとしていいだろう。しかし、暫くの間ならいざ知らず、われわれの生活に予めきまった方向を与えることを可能にしてくれるような叡智だの、あるいは先見の明などというものはないということをわれわれは知っている。とにかく上記の見解は「平凡」人には当てはまるが、「非凡」人には当てはまらない。非凡人の生活方式もやはりあるわけだが、この方は平凡人のそれに較べて疑いもなくずっと稀なのだ。この非凡人の生活については、その生活に方向を指図することが殆んど出来ないか、出来たとしてもそれはごく僅かの間に限られるということが出来る。非凡人の生活方式は何物にも拘束されていない。つまり非凡人の、英雄的な生活は運命の決定に従って営まれて行く。その場合、ある特定の方向を採ろうという決意は時によると悲劇的な結果を招くのである。いずれにしろ医者が接するのは大抵は凡人であって、自由な英雄たちではない。たとい英雄であるような場合も、その英雄精神たるや、より力強い運命に対する幼児的な反抗だったり、顕著な価値劣等性を隠蔽せんがための尊大だったりすることが多いのである。万能の日常生活の中には、残念ながら健康であって、しかも非凡なものはそうあるべき筈のものではない。日常生活の中には、はっきりとした英雄精神を容れる余地はわずかしかないのだ。しかし、英雄的な要請がそもそもわれわれになされることはないなどといっているのではない。逆に、この卑俗な日常生活はわれわれの寛容精神や献身や忍耐や犠牲心等々に対して、同じく卑俗な要求をひっさげて迫ってくるということこそまさに不快な煩わしいことなのであり、そういう諸要求をわれわれはただ我慢強く、大向うの喝采を狙うような英雄的に派手なジェスチュアぬきで満たして行かなければならないのだ。しかしそうするには、外から見たのではわからないような一種の英雄精神が必要なのである。この英雄精神は人目を惹かないし、賞讃されもせず、つねに日常的な衣裳の下に身を隠そうとする。これは、もし満たされなければノイローゼを惹き起すところの諸要求なのである。それらの諸要求を避けるために、既に多くの人々が自分の生活に思い切った方向を与え、常識の眼から見ればその行為が一個の誤謬であったにしても、とにかくこれをやりぬいてきたのである。そういう運命の前には頭を屈するよりほかはない。しかし既にいったように、そういう場合は稀なのだ。別の場合が絶対多数を占めているのである。この別の場合にあっては、生活の方向は決して単純な明晰な線ではない。運命は彼らの前に混乱した姿で、沢山の可能性の束として立ちはだかっており、しかもそれら無数の可能性の中のひとつだけが彼ら本来の正しい道なのである。たとい自分の性格を人力で可能なかぎりの程度にわきまえているとしても、果して誰がその一可能性を予め決定しうると考えるだろうか。たしかに意志によってきわめて多くのことが達成せられるが、しかし若干の、殊に意志の強い人物の運命をお手本にして、自分の運命を何が何でも自分の意志に従わせようとするのは徹底的に誤ったことである。われわれの意志は、われわれの熟慮によって方向づけられた一機能である。この機能は従ってわれわれの熟慮の性質に依存している。熟慮というものは、そもそもそれが熟慮の名に値するものであるならば合理的なもの、すなわち理性に適ったものでなければならない。だが、人生と運命とがわれわれ人間の理性と合致するということが、つまり理性と同じく合理的であるということが、これまで立証されたことがあったろうか、あるいは他日立証されることがあるだろうか。逆にわれわれは正当にも、運命と人生とは非合理的でもあり、別言すると運命と人生とは人間理性の彼岸に基礎を置いているものであると考えているのだ。人生の非合理性はいわゆる偶然ということのうちに示されている。むろんわれわれは、因果的必然的に制約されていないような事象（だからまた一般に事象というものは偶然的ではありえないわけだ）を先験的に考えることが出来ないのだから、この偶然性ということは当然否定せざるをえないのである。* だが実際に偶然は到るところにごろごろしている。しかも、われわれはわれわれの因果的哲学を又ぞろ引込めたくなるほどに偶然はごろごろしているのだ。豊かな、この人生というものは法則的且つ非法則的であり、又、合理的且つ非合理的なのである。だからこそ理知と、理知に基礎づけられている意志の射程は短いのだ。合理的に撰択された方向を辿ることが永くなればなるほど、われわれはそれだけ一層非合理的な生活可能性から遠ざかって行くのだ。しかしこの非合理的な生活可能性も、現実化される権利は（合理的な生活可能性同様に）所有しているのである。自分の生活に方向を与えることが出来るというのは、たしかに人間にとって大変都合のいいことだった。われわれは安んじて、合理性を手に入れたことは人類最大の収穫だと主張しうる。そうかといって、いついかなる場合にもその方向を採って進んで行くべきだし、あるいはその方向へ進んで行くだろうということにはならないのだ。第一次世界戦争の怖るべき破局は、最も楽天的な文化合理主義をも呆気にとらせた。一九一三年、オストヴァルトはこう書いている。

＊ 近代物理学はかかる厳格な因果律に終止符を打った。残るものは「統計的蓋然性」のみである。私は一九一六年に既に心理学における因果律的見解の制約性を指摘したが、当時世間はそういう私を大いに罵った。*Collected Papers on Analytical Psychology*, 1920, 2nd ed., S. X und XV を参照。

「武装平和という今日の状態が不安定であり、次第に崩れて行くものであることには全世界が意見の一致を見ている。この状態は個々の国民に法外な犠牲を要求している。この犠牲は文化的目的に使用される支出を遙かに上廻り、しかもそれによってなんらかの積極的な価値がえられるというものではないのだ。だから人類が、決して起ることのない戦争への準備や、軍事訓練のために一番活動的な年齢にある可成りの数の男子国民を兵舎にとじこめておくことや、その他現在の状態が惹起する無数の弊害を除去しうる手段なり方策なりを発見出来たならば、それによって途方もない分量のエネルギーが節約出来、その瞬間から、文化発展の未曽有の隆盛を期待せざるをえなくなるだろう。なぜなら戦争は、個人同士の喧嘩と全く同じに、意志の対立を解消せしめるあらゆる手段のうちで、なるほど最も古い手段だが、しかしだから最も馬鹿げた、最悪のエネルギー浪費を伴う手段だからである。冷戦や熱戦を完全に除去するということは、エネルギー的至上命令の意に完全に適っており、今日の最も重要な文化課題のひとつである」＊。

＊『価値の哲学』一九一三年、三一二頁以下。

だが運命の非合理性は、善意に溢れた思想家が考えるようには事を運ぼうとはしなかった。逆に運命は蓄積された武器と兵士とを使おうとしたばかりではない。それ以上のことを欲したのだ。狂気の如き破壊、史上に類例のすくない集団殺戮を敢えてした。これによってわれわれは恐らく、合理的な意図を以って御しうるのは運命の一面にすぎぬという結論を引き出してきてもよさそうに思われるのである。

一般的に人類に当てはまることは、また個人にも当てはまる。なんとなれば全人類は個々人から成り立っているのだから。そして人類の心理学は、個々人の心理学でもある。われわれは世界戦争において、文明の合理的意図性の限度を怖ろしくも悟らされた。個人の「意志」といわれているものは、諸国民の間のことに飜訳してみれば「帝国主義」である。なぜなら意志とは、運命に対する権力の証言であり、偶然的なるものの排除であるからだ。文明とは、自由なるエネルギーの、合理的な、意志と意図とを以って招き寄せられた「目的に適った」昇華の謂である。個人でも同じことである。一般的文化体制の思想がこんどの戦争（第一次世界戦争）によってむざんにも恥をかかされたように、個人もまたその生活中にしばしばいわゆる「自由に処分しうる《ディスポニーブル》」エネルギーがなかなかどうしてわれわれの自由にならないということを経験せざるをえぬのだ。

アメリカで四十五歳になる実業家を診たことがある。この実業家の病状は上に述べたことを見事に証明している。患者は典型的なアメリカ立志伝中の人物で、卑賤より身を起して、非常に大きな事業を経営するに至った。そして自分が事業から手を引いても、万事が順調に運んで行くように、漸次機構を整えて行って、私の手にかかる二年ほど前に彼は事業から身を引いていた。引退の時まで、彼はただ事業に打ち込んで暮してきて、成功したアメリカ実業家特有の、あの信ずべからざる強さとひたむきな態度で、自分が持っていた一切のエネルギーを事業に傾注した。彼は田舎に素晴らしい別荘を買い求めた。引退後はそこで余生を送るつもりだった。そしてその余生なるものは、乗馬や自動車やゴルフ、テニス、「パーティ」などで彩られる筈だった。ところが彼は取らぬ狸の皮算用をしていたのだ。事業から引き抜かれて、「自由に処分しうる」ようになったエネルギーは、そういう素晴らしい獲物に飛びついて行こうとはしなかったのだ。そしてある全く別のものを固執した。つまりかねて憧れていた幸福な生活が始まって、ものの二週間も経たぬうちに、どうもからだの調子がおかしいと思うようになった。そして更に二、三週間すると、ひどい心気に陥って、神経的に完全に参ってしまったのである。健康で、恐ろしく強壮な、エネルギッシュな男が、めそめそする子供のようになってしまったのだ。そしてそれとともに彼の一切の光輝は消え去ってしまった。ある不安から別の不安へと駆りやられて、心気性の妄想のために死ぬほどに苦しめられた。そこでさる高名な専門家の門を叩いた。医師は直ちに、この実業家に欠けているのが仕事なのだということを看破した。これは患者にも納得が行った。そこで彼は元の地位に戻ったのだが――彼自身ひどく失望したことには――仕事に対する意欲が全然湧いてこないのであった。辛抱も決心も何の役にも立たなかった。彼のエネルギーはどんな手段を以ってしても、もはやこれを仕事の上へ戻らせることは出来なかった。そうなると彼の容態は以前よりももっと悪化した。以前彼の中にあって活潑に活動していたエネルギーのすべては、今や怖るべき破壊力を以って逆に彼自身の上に襲いかかってきた。彼の創造的な本性はいわば彼自身に反逆を企てた。以前彼が世の中に大きな組織を作り上げたように、今や彼のデーモンは、彼を破滅へと導く心気のまやかしの議論でかためた巧妙な体系を作り上げたのだ。私が初めて彼に会った時、彼はすでにもう全くの廃人になっていた。それはとにかく私は彼に向って、そういう巨大なエネルギーを事業から引き上げてしまうことはむろん差支えないわけだが、しかしその引き上げたエネルギーをこんどは何に使うかが問題なのだということを説明しようとした。飛び切り上等の馬、最も速い自動車、愉快この上もないパーティすらも、場合によっては、その引き上げられたエネルギーに対する餌にはならないのだ。むろん一生涯働きづめに働いてきた人間がこんどは人生を享楽しようとするのはいわば自然の理だと考えるということは重々尤もなことにはちがいないのだが。いうまでもなく運命が人間的に理性的に進行するものならば、まず働いて、それから当然の休養というのが尤もな順序ではあろう。しかし運命はまさに非合理的に進行する。そしてエネルギーは理性の思惑を無視して、自分の気に入った斜面を求めるのである。そうでないとエネルギーは堰き止められて、破壊的になるのだ。エネルギーは過去の諸状況へと退行する。このアメリカ実業家の場合は、彼が二十五年以前に感染した梅毒の思い出へと退行して行った。しかしこれもまた、永い間消滅したも同然になっていた幼児的記憶の再生への道の一段階にすぎなかった。この患者の症状形成に決定的だったのは、母親に対する一番初めの関係だった。それは（夙うの昔に死没した）母親の注意と関心とを無理にも自分の上に惹こうがための「処置」だった。この段階も究極の段階ではなかった。なぜなら目標は、彼が若い頃からずっとただ頭の中でだけ生活してきたのちに、今や彼をいわば彼のからだの中へと無理強いに押し戻すということだったのである。彼は彼の本性の一面のみを分化発達せしめて、他の一面を曖昧な、いわば肉体的な状態にとどまらせていたのだ。彼は本当に「生きる」ことの出来るためには、この別の一面をも必要としたのである。心気性の「鬱病」は、これまで彼がずっと見すごしてきたからだの中へと彼を押し入れたのだ。もし彼が鬱病と心気性の錯覚の方向へと歩んで行き、そういう状態から生ずる諸々の空想を意識化しえたならば、彼は治ったかもしれないのだ。私の説明はむろん彼の容れるところとはならなかった。予想の通りであった。これほどに悪化したケースにはもはや手の施しようはなく、患者を待っているのはただ死のみであった。

以上のケースは、われわれには「自由に処分しうる」エネルギーを随意に、なんらかの合理的に撰択された対象にふり向けて行くことが出来ぬということをはっきりと示している。全く同様のことが、還元的腐蝕剤によってその無益な形式を破壊されたために、われわれの手にころがり込んできたところの、一応「自由に処分しうる」エネルギーにも一般的に妥当する。既にいったように、このエネルギーはうまく行ってごく僅かの間しか自由に利用できない。多くの場合、このエネルギーは、理性的に支持された諸可能性をある程度長期に亙って守り立てて行くことに反抗する。心的エネルギーはまさに気難し屋なのだ。それは自分自身の諸条件の満たされんことを欲する。エネルギーはどんなに沢山あろうとも、そのエネルギーのお気に召した斜面を作ることに成功しないうちは、われわれはそのエネルギーを有効に利用することが出来ないのである。

「斜面」の問題は、大抵の分析ケースで現れてくるところの、純粋に実際的な一問題である。自由に処分しうるエネルギーが（いわゆるリビド）*一個の理性的な対象を占拠するというような、都合よく行ったケースが現れてくると、われわれは意識的な意志の努力で改造に成功したと思い込む。しかし、同時にそこに、その同じ方向中にひとつの斜面が存在していなかったならば、どんなに努力したところが駄目なのだから、上のように思い込むのは早計というものである。私のいわゆる斜面がどんなに重要なものであるかは、一方において死物狂いの努力がなされ、他方において撰択された対象乃至は希望された形式がその理性的な性質によって何人の眼にも好ましいものであるのにもかかわらず、改造が成功しないで、あっけなくもそこに再び新しい抑圧が生ずるという場合にはっきりと会得されるのである。

* 上述のことからおわかりだろうと思うが、私はフロイトの唱え出したリビドという概念を（この概念は実用にははなはだ適している）フロイトよりも遙かに広義に解しているのである。私の場合、リビドとは、心的諸内容の強度充実と同義であるところの「心的エネルギー」という意味である。フロイトはその理論的前提に従ってリビドとエロスとを同じものに考えている。そしてリビドを一般的心的エネルギーから区別しようとしている。つぎに引用するフロイトの言葉はこの文脈において解釈されなければならない、「われわれはリビドという概念を、性的興奮の領域における諸事象や諸変化を測定しうるような、量的に可変的な力という意味で使用してきた。われわれは

このリビドを、心的諸過程一般の基礎と見なさるべきエネルギーから区別する。……」（全集、第五巻、九二頁）。また別の箇処でフロイトは、自分は「リビドと似たような術語」を使って破壊衝動を表現しえずにいるといっている。しかしいわゆる破壊衝動もエネルギー的現象なのだから、いっそリビドを心的強度をいい表わす一般的概念として定義したら事は簡単だろうにと私は思う。つまり心的エネルギー即ちリビドと考えるのである。『リビドの変遷と象徴』第三版、一二〇頁以下、及び『心のエネルギー的構造』九頁以下。

われわれは斜面の存する場合にのみ人生の道を前へ進めて行くことが出来るということは私に疑いえない。だが、対立緊張のないところにエネルギーはない。それ故意識の立場への対立物が発見されなければならない。そういう対立補償が神経症理論の歴史の上にもはっきりと存在してきたのを見ることは興味深い。つまりフロイトの理論はエロスの利害を代表し、アードラーの見解は権力のそれを代表する。愛に対する論理的対立物は憎悪であり、エロスの論理的対立者はフォーボス（恐怖）であるが、心理学的にはしかし愛の対立物は「権力への意志」なのだ。愛の支配するところに権力意志はなく、権力が幅を利かせるところには愛がいない。一は他の影である。エロスの立場に立つ者の補償的対立物は権力意志である。しかし権力を強調する者の補償はエロスである。意識の対応態度の一面的立場から見るならば、影は価値劣等的な人格部分である。だから影は強烈な抵抗によって抑圧される。しかし、それなくしてはいかなる前進も不可能であるところの対立緊張が生ずるためには、抑圧されたものは意識化されねばならぬ。意識はいわば上におり、影は下にいる。そして高きはつねに低きを求め、熱は冷を求めるように、あらゆる意識は、それと察することなくして自己の無意識の対立物（これなくしては意識が活動をやめ、化石化してしまうところの）を求める。生命はただ対立物においてのみ炎を発するのである。

フロイトに、エロスの対立物を破壊衝動乃至は死の衝動と考えさせたのは、一面においては主知的論理学に対する、他面においては心理学的偏見に対する一譲歩であった。なぜなら第一に、エロスは生と同じものではない。エロスが生と同じものであるような人間にとっては、いずれにしろエロスの対立物は死であるように思われるからだし、第二に誰にしたところが、自分の最高の原理の対立物はすべて破壊的な・致命的な・悪意あるものと思い込んでしまうからだ。彼はそういう対立物にいかなる積極的な生命力をも容認しない。だから彼はそれを懼れ、避けるのである。

既に述べたように、人生や世界観に関する沢山の至高原理があるのだし、それに応じて同じ数だけの補償対立の様々な形式がある。私は上に私なりに主要だと考えた二つの対立タイプを挙げておいた。内向型と外向型とがそれだ。既にウィリアム・ジェイムズが、思想家たちに見られるこれら二タイプに気づいている。[*1] ジェイムズはこれを「脆い心性」と「強靱な心性」といって区別した。同じくオストヴァルトは偉い学者たちを、同じように古典的タイプと浪曼的タイプに分類した。[*2] だからタイプ論では私が最初の人間ではない。ジェイムズとオストヴァルトとは、タイプ論を唱えた沢山の思想家中の二例にすぎない。歴史を調べてみると、大きな精神史上の論争問題はこれら両タイプの対立に根ざしているということが私にはわかってきた。この種の論争中、最も重大なケースは中世の唯名論と実念論の対立であり、これは最初少々ちがった形でプラトン学派とメガラ学派との間に起り、それがスコラ哲学に伝わって行き、スコラ哲学ではアベラールが概念論に拠って少しでもこれら両対立的立場を統一しようと敢えて試みたものである[*3]。この論争は今日に至るまでも続いており、唯心論と唯物論の対立がそれである。一般精神史同様に、個人もまたこのタイプの対立に参与している。すなわちやや詳しく調べてみると、これら両タイプに属する男女が好んで結婚するということが判明した。しかもそれは――無意識的に――相互に足りないところを補い合うためなのである。内向タイプの反省的本性は、このタイプの人間に、行動する以前につねに熟慮し、自省するようにしむける。これによってむろん彼の行動は緩慢になる。外的客体（対象）に対する彼の猜疑心や物怖じは彼をためらわせ、そのためにいつも彼は外部世界にうまく適応できない。逆に外向型の人間は外的事物に対して積極的な関係を持っている。彼はいわば外的事物によって惹き寄せられる。新しい未知の状況が彼を誘惑する。それどころか、何か未知のものを知ろうがために、彼はいそいそと飛び込んで行く。通例彼はまず行動し、それからその行動について考える。それ故、彼の行動は迅速で、思案や躊躇に妨げられることがない。だからこれら両タイプは一緒になって生活するには打ってつけなのである。一方が考慮を受持てば他方が音頭をとって実際に行動する。両タイプが結婚すると、理想的な夫婦となりうるわけである。ふたりが色々と煩わしい人生の諸問題に立ち向うことで手一杯であるかぎりは、ふたりの間柄は申し分ない。しかし夫が充分の収入をうるようになるとか、あるいはかなりの遺産が偶然にころげ込んでくるとかして、人生の外的なわずらいがなくなってしまうと、ふたりには互いのことにかかわり合うだけの暇が生じてくる。以前ふたりは力をあわせて、外敵に当った。今やふたりは互いに向き合って、互いを理解しようとし——そして自分たちがこれまで互いを少しも理解していなかったことに気づくのである。ふたりはちがった言葉を話す。こうして両タイプの戦いが始まるのである。この戦いは、ごく内輪にひっそりと続けられる場合でも、毒を含み、暴力的で、相互誹謗に充ち満ちたものである。なぜなら一方の価値は、他方の非価値なのであるから。一方が自己の価値を意識しつつ、同時に他方の価値を大らかに認めえて、かくして一切の葛藤が無用なものになってしまうというようになればいいと考えるのは尤もな話だが、議論は充分に尽されたが、決して満足できる目標に到達できなかったようなケースを私はこれまでに沢山見てきた。ノーマルな人間が問題になる場合、こういう危機的な過渡期は、多かれ少かれ円滑に克服される。ノーマルな人間とはどういう人間を指すのかというと、それは生活可能性の必要欠くべからざる最小限度が与えられているようなあらゆる状況下にあっても生存して行くことのできる人間のことである。しかし多くの人間にはこれが出来ない。だからノーマルな人間というものは決してそう大勢いない。われわれが普通に「ノーマルな人間」といっているものは、その人間の性格構成がたまたまうまく行っている人間のことであり、そういう性格構成は滅多にありえないのだ。多かれ少かれ片寄りを持った人間の大部分は、まずまず我慢出来る衣食住より以上のものを与えてくれるような、そういった生活条件を望み欲しているのである。こういう人間たちにとって、和唱関係の消滅は深刻な打撃を意味するのである。

＊1 『プラグマティズム』一九一一年。
＊2 『偉人』一九一〇年。
＊3 『心理学的タイプ』一九三六年。六七頁以下。

どうしてそんな風になってしまうのか、これは一寸考えた位では理解できないが、どんな人間も純粋に内向的、或は純粋に外向的ではなく、人間には両方の対応態度可能性が与えられているのだが、人間は両者のうちの一方だけを適応機能に仕立て上げるものだということを悟ると、われわれはただちにつぎのような推測を立てることができるだろう、つまり内向型にあっては外向性が心のどこか奥の方に未発達の状態のままで眠っており、又、同様に外向型にあっては内向性が前の外向性の場合と同じような日蔭者の存在を続けているのである。事実その通りなのだ。内向型の人間だって外向的対応態度を持っているのだが、それは彼にとって無意識なのだ。なぜかというと、彼の意識の眼ざしはいつも主体に向けられているからである。彼だってむろん客体を見ることは見るのだが、彼は客体について誤った、あるいは捉われた見方をしているから、客体がまるで何か怖ろしい力を持った危険なものででもあるかのように、いつもできるだけ客体から遠ざかるようにしているのである。以上のことを簡単な例を引いて説明してみよう。二人の若者が一緒に山野を歩いていて、ひとつの美しい城のところにやってくる。二人は城の内部が見たい。内向型の若者は、「中がどんな風になっているか、知りたい」という。外向型がこれに答えて、「入って行こう」という。そして城門をくぐりそうにする。内向型が押しとどめて、「きっと中へ入ることは禁じられているんだ」という。この時彼は警察力とか償いとか猛犬とかいったようなものをぼんやりと思い浮べている。すると外向型は、「きいてみればいいじゃないか。そうしたら、入れてくれるにきまっているよ」といって、人の好い老門番やお客好きの城の住人たちや、ひょっとしたら出会うかもしれないロマンティックな冒険などのことをぼんやりと考える。外向的楽天主義に頼って二人は本当に城の中に入り込む。しかしその時、転回が起る。城の内部は改造されていて、古文書蒐集の収めてある広間が二つ三つあるばかりだ。偶然にもこれが内向型をひどくよろこばせる。彼は古文書を見るや否や、まるで人が変ったようになる。飽かずこれに眺め入って、歓声を挙げる始末だ。彼は監視人の口から出来るだけ沢山の説明をきこうとして、監視人と話し込んでしまう。ところが監視人からそう大したことがきけなかったので、管理人はどこだときく。すぐ管理人のところまで出かけて行って、色々なことを質問しようというのだ。彼の物怖じする態度は失われて、客体は誘惑的な輝きを帯びるに至り、世界は別の相貌を呈し始めた。さて外向型の若者の方はどうかというと、彼は次第に意気沮喪し始める。退屈して、しまいにはあくびをし始める。なぜならこの城には、人の好い門番もいなければ、お客好きの主人もいず、ロマンティックな冒険などは更々ない。——あるのはただ博物館に作り変えられた城にすぎぬ。古文書ならわざわざここにこなくとも見ることはできる。一方の感激が高まるにつれて、他方の意気は銷沈する。城は彼の気を滅入らせ、古文書は図書館を連想させ、図書館は大学を連想させ、大学は勉強と厭な試験を思わせる。こうして次第々々に、陰気なヴェールが、以前はあんなに興味深く魅力的だった城の上に覆いかぶさってくる。客体は消極的になる。内向型は叫ぶ、「素晴らしいじゃないか、全く偶然にこんなに結構な蒐集を見つけたなんて」。外向型は不快をむき出しにして、「己は退屈で死にそうだ」という。これをきくと内向型は怒って、心中密かに、こんな男とはもう決して一緒に旅行はしないぞと決心する。すると外向型は内向型が怒り出したのに腹を立てて、こいつは徹底的なエゴイストだ、自分の利己的な興味のために折角の春の上天気を無駄にして、こんなところで愚図々々しているんだから、己はもう以前からそう考えていたんだと心中に思うのである。

　これは一体どういうことなのか。二人は、この宿命的な城に到着するまでの間は、愉快に一緒に仲よく歩いてきた。さてその城のところで、用心深い（プロメテウス的な）内向型が、「中が見られたらな」といった。すると行動的な、あとから思案する（エピメテウス的な）外向型が事を実行に移した。*すると今やタイプが逆転する。最初は城の中へ入って行くことに反対した内向型は、もはや城から外へ出ようとはしない。そして外向型は、城に入った瞬間を呪っている。前者は客体に眩惑され、後者は自分の消極的な思念に眩惑されている。前者は古文書に眼を留めた瞬間、自己の性格を一変させた。その物怖じは消滅し、客体が彼をとりこにし、彼はいそいそとして客体に服従する。これに反して後者は客体に対して次第に反抗を強めて行き、最後には自分自身の、機嫌を損ねた主体のとりこになってしまう。前者すなわち内向型は外向型となり、後者すなわち外向型は内向型となる。だが内向型の外向性は、外向型の外向性とはちがうものであり、外向型の内向性は、内向型の内向性とはちがうものである。ふたりは少し前にたのしく睦み合って歩いていた時には、互いが互いの邪魔をするようなことが少しもなかった。それはそれぞれが自分のホーム・グラウンドにいたからだ。二人は互いに積極的だった。それは二人の対応態度が相互に補い合っていたからだ。しかし補い合ったのは、一方の対応態度がいつも他方を包含していたからである。われわれはこれをあの城門前での短いやりとりから知ることができる。二人とも城の中へ入って行きたがった。入ることが出来るのかどうかという内向型の疑惑は、またもう一方の外向型にも当てはまる。外向型の音頭取りも、同じく内向型にも当てはまる。そんな風に一方の対応態度は他方を包含している。そして人が自己本来の対応態度を採っている時は、これが多かれ少かれ常態なのである。なぜならこの対応態度は多少の差こそあれ集合的に適応するからだ。内向型はいつも主体から出発するとはいえ、これはまた外向型の対応態度にも当てはまるのである。内向型の対応態度は単に主体から客体へと赴く。一方外向型の対応態度は客体から主体へと赴く。

＊『心理学的タイプ』二三九頁以下の、シュピッテラーの『プロメートイスとエピメートイス』に対する著者の議論を参照。

だが、内向型において客体が主体に優り、主体を自分の方へ引き寄せる瞬間、内向型の対応態度はその社会的性格を失う。彼は友だちがそばにいるのを忘れ、友だちをもはや包含せず、客体に没入し、友だちがどんなに退屈しているかに一向気づかない。同じように外向型は、自分の期待がはずれ、自分の主観的な概念や気紛れへと引き籠もってしまう瞬間、やはり友だちへの顧慮を失う。

そこでわれわれは以上のいきさつをこう要約することができる。内向型においては、客体の影響によって価値劣等の外向性が表面に現れてくるが、外向型にあっては、価値劣等の内向性が彼の社会的対応態度の代りに現れたのである。かくてわれわれは、われわれの出発点であった命題に立戻るわけだ、「一方の価値は他方の非価値である」。

積極的な出来事も、消極的な出来事も同様に価値劣等の反対機能を表面に浮び出させうる。一旦そうなると、神経過敏が生ずる。神経過敏は、存在する劣等価値性の症状である。こうなると不和と誤解への心理学的下地が作られたことになる。その不和は、二人の人間の間の不和であるばかりではなく、自己自身との不和でもあるのだ。価値劣等的機能の本質は、自動性をその特色とする。* 価値劣等的機能は独立的であり、それはわれわれに襲いかかり、眩惑し、われわれを自分の中に紡ぎ込み、そのために、われわれはもはや自己を制御しえなくなり、自分と他人とを正しく区別することが出来なくなる。

* 『心理学的タイプ』六四六頁以下を見よ。

それにもかかわらず、われわれが自分たちの別の面、つまりほかならぬ価値劣等的な機能に発言させることは、性格を発達させる上には必要なのである。なぜかというと、われわれは恐らく永い期間に亙って他人にそばにいて貰ってわれわれの人格の一部分の面倒を見て貰うわけには行かないからだ。というのもつまり、われわれがわれわれにとって不慣れの別の機能をも必要とするような瞬間がいつやってくるかもしれず、上の例が示しているように、そんな瞬間はわれわれの不意を襲うからである。そしてその結果ははなはだ面白くないことにもなるのだ。外向型はそのために客体に対する不可欠の関係を失い、内向型はその主体に対する不可欠の関係を失う。逆にまた、内向型が思案や躊躇によって絶えず妨げられていないような行動に出ることや、外向型が自分の諸関係を危殆に瀕せしめることなく自己自身に思いを潜めるということもやはり不可欠だからである。

説明の必要もあるまいが、外向性にあっても内向性にあっても、問題は二つの、相互に対立する自然的な対応態度乃至は「方向を持った動き」にあるわけで、ゲーテはかつてこれら二つのものを拡張《ディアストーレ》と収縮《ジュストーレ》と呼んだ。これら二つの対応態度が調和ある交代順序で生のリズムを形成してくれるものなら文句はない。が、そういうリズムを形成するには、極度に巧みな生活技術を必要とするらしい。そうするためには、意識のはたらきで天然の法則が妨害されぬほどの絶対的な無意識でいるか、あるいは、反対の動きを意欲し、実現せしめうるほどに高く意識的でなければならぬだろう。われわれは後方に向って、動物的無意識状態へと発展して行くことは出来ないのだから、前方に向って進んで行って、益々意識的になるという、きわめて困難な途しか残っていないわけである。いずれにしろ、人生の偉大な「然り」と「否」を自主的に意図的に生きることを可能にするような、かの意識性は、まさに超人的な理想であるが、しかし目標点であることは疑いえない。われわれそれぞれの精神の様態は、「然り」を意識的に追求し、「否」をすくなくとも我慢するということしか許さないのであろう。これがやれたら、もうそれだけでも大したものなのである。

人間本性に固有の原理としての対立問題は、われわれの前進的認識過程の高次の一段階を形成していて、概して充分な分別を持った年齢にある人間の問題なのである。患者を実際に診る時、絶対にこの問題で始めてはなるまい。殊に患者が若い人である場合、この問題で診療を始めてはいけない。若い人たちのノイローゼは概して、現実の諸力と、幼時的な充分でない対応態度との衝突から生ずる。その幼児的で不充分な対応態度は、因果的には現実の、あるいは想像上の両親への異常な依存性を、また目的的には充分な力を持たぬ虚構、すなわち目的意図や努力を特色とする。そんな場合、フロイトやアードラーの還元的方法は絶対である。しかし壮年期になってから始まるようなノイローゼ、あるいは患者がたとえば職業に携って行かれなくなるほどに悪化するノイローゼがいくらもあるのだ。むろんそういう場合にわれわれはつぎのようなことをはっきりさせることが出来る、すなわちそういう患者には、青年期において既に両親への異常な依存性が存在したのだし、又、ありとあらゆる幼児的な錯覚が存在していたということである。しかしそのような事情は、患者たちが職業に就き、その職業で成功し、結婚し、とにかく結婚生活を続けて行く上の妨げとはならなかったのである。ところが中年になって、それまでの対応態度が突然役に立たなくなってしまう瞬間が訪れてくるというわけなのである。そういう場合、両親に関する幼時の諸空想や両親への依存性を意識化させるということは診療の必然的一部であり、しばしばそのかぎりにおいては悪くはない結果を示すとはいえ、それだけではむろん効果はすくない。しかし根本的にいって、かかる場合本当に治療が開始されるのは、患者を神経症に陥らせた張本人はもはや父親と母親となのではなく、彼自身、すなわち彼の人格の無意識的一部分なのであって、これがかつての父と母との役割を引き継いでいるということを患者が悟った時からなのである。この認識この悟りも、成程きわめて有益ではあるが、まだまだ消極的である。というのはこの悟りは、「自分は、自分の妨げとなっているのが父と母とではなく自分自身だということを現在はっきりと認識している」ということを告げるにすぎないのだから。しかし彼の妨害をしている「彼自身」というのは、彼の内部の何者なのであろうか。父と母との像のうしろに身を隠していて、自分の病気の原因はいつかある時、外部から彼の中へ入り込んできたものに相違ないと、永い間彼に信じ込ませたところの、彼の人格のそういう神秘的な部分というのは一体どういうものなのか。この部分は彼の意識的対応態度の反対物であって、これが彼を落着かせず、これがしかるべく彼によって承認されるまではずっと妨害的な影響を及ぼし続けてきたのである。たしかに若い人たちの場合は、過去からの解放で事は足りるかもしれない。なぜなら彼らの前には誘惑的な未来が横たわっているし、諸々の可能性が控えているのだから。従って彼と過去とを結んでいる二、三本の紐をほどいてしまいさえすれば、あとのことは生命の動きが自然とやってくれる。だが、既にかなり永く人生の途を辿ってきていて、素晴らしい未来の可能性などはもうありえないような、つまり永年馴染んだ色々な義務と歳をとって行くということの胡散臭い満足としか期待されないような人間が相手だとすると、少々話がちがってくるのである。

若い人たちを過去のきずなから解放することに成功すると、彼らは彼らの両親の空想像をしかるべき代用物に転移するのが見られる。すると母親に向けられていた感情は、母親以外の婦人に向けられ、父親の権威は尊敬する先生とか上役とか、あるいは施設などに転移される。なるほどこれは決して抜本的な解決ではないが、正常な人間も無意識的に、だからさしたる支障や抵抗もなしに歩むところの実際的な途である。

ところが、この同じ途を、大抵は多かれ少かれ難渋して歩んだ成人になると少し話がちがってくる。成人は大抵夙うの昔に死んでしまっている両親からは切り離されているし、妻に母親を、夫に父親を求めて、それを見出しているし、ほかの父親たちや施設を尊敬し、自分自身が父なり母なりになっているし、また大抵はそういうこと一切はもう昔語りで、最初自分にとって促進や満足を意味したものが忌むべき誤謬、（彼の前には老衰と一切の錯覚の終末しか横たわっていないのだから）今や愛惜と羨望との相半ばする気持で振り返って眺めやる若い頃の錯覚となったということを認識することを学んでいるのである。そこにはもはや父も母もいない。彼が錯覚的に世界や事物に投影したところのすべてのものは、次第に彼のところへ再び戻ってきている、しかも疲れ切って、又、磨り減らされて。すべてこれらの諸関係から流れ戻ってくるエネルギーは無意識界に注ぎ入り、その無意識界において彼が今日までそれを発達させることを怠ってきたところの一切のものを活気づけるのである。

ノイローゼの中に閉じ籠められている衝動力は、解放されると、若い人間に対して、彼の生活を拡大して行く飛躍力と期待と可能性とを与える。下り坂にある人間にとっては、無意識界中に眠る反対機能の発達はその人間の生活の更新を意味する。この発達はしかしもはや幼児的感情拘束の解消、古い像の新しい像への転移、幼児的錯覚の破壊の線上を進んでは行かず、対立問題の方向を辿る。

対立性の原理はむろんすでに若い人間の精神にも内在しているのだから、青年の心理に関する心理学的理論はこの事実に注意すべきだろう。だからフロイト理論とアードラー理論とは、それらが一般論たらんとする場合にのみ相互に矛盾するのであり、それらが技術的補助観念たることに甘んじているかぎりでは相矛盾せず、また相互排他的でもない。単に技術的な補助手段以上のものたらんとする心理学的理論は対立原理に基礎づけられなければならない。なぜならこの対立理論なしでは、それはただノイローゼによってバランスを失った心を再構成しうるにすぎぬだろうから。対立なくしてはいかなるバランスも、いかなる（自己調節機能を持った）組織もないのだ。しかし心は自己調節機能を持つ一組織なのである。

II

話を元に戻すと、われわれはこういうことが出来る、なぜほかならぬノイローゼの中にこそ一個人がそれを欠いているところの諸価値が隠れているかが今や明瞭になった、と。そこで今またさきの若い婦人のケースに戻って、これまでに獲得された知見をこのケースに適用してみることが出来るだろう。こう考えてみよう、この婦人は「分析」され終った、つまり精神分析治療によって彼女には「自分の症状の背後にはどういう無意識的想念が隠れ潜んでいたか、彼女の症状の力を決定していた無意識的エネルギーをいかにして再び所有するに至るかが明かになった」としよう。すると、「では今や自由に処分しうるようになったそのエネルギーをどうすればいいか」という実際問題が起ってくる。彼女の心理学的タイプに従って、このエネルギーをたとえば博愛主義的活動とか何かそういった有用なことに振り向けるのが賢明だということは明かだ。そういう道を辿ることは、例外的に、場合によれば自己を徹底的に苦しめぬくことを懼れぬ、殊に精力的な人間とか、上記の如き活動にのるかそるかで打ち込んで行く人間とかにあっては大いにありうべきことだが、しかし大抵の場合はこれが成功しないのである。なぜなら——ここを忘れてはいけないのだが——リビドは（リビドということを専門的にいい現すと心的エネルギーということになるが）すでに無意識に自分の対象を持っているからだ。若いイタリア人、あるいはそれに応ずるような現実の代用人物がそれだ。そういう事情ではいうまでもなく上に述べたような昇華が望ましいわけだが、しかしそのような昇華の起る望みはないのである。なぜかというと大抵の場合、現実の対象の方が、どれほど立派な倫理的活動よりも、よりよい斜面を持っているからだ。口を開けば「あの人もこうだといいのだが」とはいっても、「あの人は現実にこれこれの人だ」という人間の数はまことに寥々たるものである。しかし医者が相手にするのはいつも現実の人間だ。そして現実の人間は自分の現実の姿があらゆる面において承認されるまでは頑強に自分を変えて行こうとはしないものなのである。教育教化というものは、理想の幻像から出発すべきではなく、赤裸々な現実からしか出発出来ないのである。

残念だがわれわれは自由の身になったエネルギーに任意の方向を与えることが出来ない。エネルギーは自己自身の斜面を流れて行く。いやこのエネルギーは、われわれが役に立たぬ形式からこのエネルギーを完全に解放してやる以前既に自分の斜面を見出しているのである。以前若いイタリア人をめぐって作られた患者の諸空想が、今や医師に転移されたことをわれわれは発見する。[*1] だから医師自身が今や患者の無意識的リビドの対象となっている。患者が転移の事実をどうしても承認しようとせず、[*2] あるいは医師がこの現象を理解しなかったり誤解したりすると、医師への関係を一切断ってしまおうとする激しい抵抗が生ずる。そうなると患者は医師の許を立ち去って、自分を理解してくれる別の医師乃至は人間を求める。あるいは患者がそういう人間を求めることをも断念してしまうと、彼らは彼らの問題解決をやめてしまうのである。

＊1　転移の概念を立てたのはフロイトである。彼はこれによって無意識的諸内容の投影をいい表そうとした。

＊2　若干の意見とは逆に、私は「医師への感情転移」が通則的な、治療の成功には不可欠の現象だとは考えていない。転移は投影である。そして投影はあることもある。ないこともある。決して必要欠くべからざるものではない。投影は決して「作り出される」ものではない。なぜなら投影は定義によれば無意識的諸動因から生ずる。医師は投影に対して適していることもあれば、適していないこともある。いついかなる場合も医師が患者のリビド流下の自然的斜面を形成するということはないのだ。なぜなら患者の脳裡に医師よりも遥かに重大な投影対象が浮んでいるという場合も大いに考えられるのだから。医師への投影が起らないということは、場合によると治療を著しく容易にすることがある。それは現実の個人的価値が、投影が起る場合よりも明白に前景へ押し出されてくるからである。

しかし医師への転移が現れ、それが患者に承認されると、以前の形式を代用し、且つ又、エネルギーの流れの相対的に葛藤を持たぬ動きを可能にしもするところの自然的な形式が発見されたことになるのである。だからリビドをしてその赴くがままに任せると、リビドは自分で自分に定められた対象への途を見出すものである。そうでなかった場合は、自然の法則に対する不条理な憤激、あるいはなんらかの妨害的な影響があると見ていいのである。

転移のうちには最初ありとあらゆる幼児的空想が投影される。それらは腐蝕せしめられねばならぬ。つまり還元的に解消されるべきものである。これを転移の解消と名づける。これによってエネルギーはまたこの無益な形式から解放される。そして再びわれわれは、自由に処分しうるエネルギーの問題の前に立たされるわけだが、今回もまたわれわれは自然に信頼して、われわれがある対象を求める以前に一対象が——つまり好都合な斜面を持った一対象が撰ばれていることを期待しよう。

第五章　個人的無意識と超個人的・集合的無意識

さてここに再びわれわれの認識過程の一新段階が開けてくる。われわれが幼児的な転移空想を分析し解消させる仕事を暫く続けているうちに、患者にもついにつぎのことが判明するようになったとしよう、すなわち患者は医師を父とも母とも、叔父とも後見人とも先生とも、その他何でも両親的な権威と見なされるものすべてに見立てたということである。しかしそれで空想発生がやんでしまうことはない。これは経験の繰り返し教えているところである。医師を救世主乃至は神に似た存在とさえ見るような空想の出てくることがある――これは意識の健康な理性に全く矛盾していることはいうまでもない。更に、そういう神的存在の諸特徴が、われわれの成長してきたキリスト教的見解の枠を超えて、たとえば動物の姿の如き（そういうことは少しも珍らしくないのだ）異教的な挙動を採ることがあるのだ。

転移はそれ自体において、無意識的諸内容の投影にほかならない。まず無意識のいわゆる表層的諸内容（これは夢や症状や空想などによってそれと認識されうる）が投影される。この状態において医師は患者の眼からは、恋人（われわれのケースでいえばあの若いイタリア人のような）に見立てられるような興味ある存在である。ついで医師は現実の父親以上のものとして現れてくる。慈愛深い父親とか、あるいはまた怖ろしい父親とかいうものになってくる。どういう性質を持った父親になるかというと、それは患者の現実の父親を患者の眼から見て、その父親に看取されたような性質によってそこに色々のちがいが出てくる。そうかと思うと、患者の眼に医師は母親のように映ることもある。これは一寸妙なことに思われるかもしれないが、しかしとにかくありうることなのである。すべてこれらの空想投影は個々人の記憶を沢山ぶらさげている。

だが最後には、激烈な性格を持った空想形式が現れてくる。そんな場合、医師は不気味な性質をもった人間だと考えられる。たとえば、魔法遣いとか、極悪非道の犯罪人とか、またそれを善い方へ引っくり返してみれば救世主とかいうものに見立てられる。かと思うと医師はそれら両者の混合物と見られることもある。誤解があってはいけないが、私は何もぜがひでも必然的に医師は患者の意識にとってそういうものとして現れてくるといっているのではない。医師をそういう工合に表現する空想が表面に浮び上ってくるというのである。患者のこういう空想は事実上彼らの内部から出てきたものであって、元来医師の性格とは何の関係もないか、あってもごくわずかしかないのにもかかわらず、患者たちにはその呑み込みがつかない。こういう誤解はどこからくるかというと、それは個人的な記憶基底がこの種の投影においては全く存在しないというところからくるのである。場合によると、似たような空想が幼年時代のある時期に父親や母親に結びついていたという事実が立証されることもある。むろん父親も母親も現実にはそんな性格を全く持っていはしなかったのである。

フロイトはその一小論文において、レオナルド・ダ・ヴィンチの晩年生活が、ダ・ヴィンチがふたりの母を持っていたという事実によっていかに影響されていたかを示した。* ふたりの母親、あるいは二重の出身の事実は、なるほどレオナルドにおいては現実の事実であったが、他の芸術家においてもある役割を演じている。たとえばベンヴェヌート・チェルリーニは自分の出身が二重であるという空想を持っていた。いずれにしろ、この二重の出身ということは一個の神話的主題であり、多くの英雄たちは伝説上ふたりの母親を持っている。この空想は、英雄たちにふたりの母親があったという実際の事実から出てくるものなどではなく、人間の精神史の秘密に属しこそすれ、個人の追憶の領域には属さぬところの、人類の間に広く流布している「原像」なのである。

* 『レオナルド・ダ・ヴィンチの幼年期のある思い出』一九一〇年。

人間各人の心の中には、個人の記憶のほかに、巨大な「原像」があるのだ。この原像という言葉はヤーコプ・ブルクハルトが最初唱えた言葉である。昔からの人間の表象作用の遺伝的な諸可能性というのがその意味だ。この遺伝という事実が、ある種の伝説材料や主題は全地球上に同一の形式で繰り返されるという、実に奇妙な現象を説明してくれる。この事実は更に、なぜ精神病患者が、われわれが古い書物で知っているような、同じ形象や関連を精確に再現しうるかを説明する。私は自著『リビドの変様と象徴』中に若干の例を挙げておいた。* 但し私は決して諸表象の遺伝ということを主張しようとするものではない。私はただ表象作用の可能性の遺伝ということを主張しているのである。諸表象の遺伝と、表象作用の可能性の遺伝とでは全く話がちがうのである。

* 第三版、一九三八年。

もはや個人の諸記憶に根ざすことのないこれら諸々の空想が再現されるという、この治療段階においては、普遍人間的な原像のまどろむ無意識のより深い層の自己啓示が行われるわけだ。私はそういう形象乃至は主題を「神話類型」（また「目印」とも）名づけた。この概念を理解するには次註の文献を参照されたい。*

* 前註参照。『心理学的タイプ』定義第八、五九六頁。『集合的無意識の神話類型について』（『エラノス年鑑』一九三四年）一七九頁以下。『アニマ概念を特に考慮に入れて考えられた神話類型について』（『精神療法中央誌』第九巻、第五号、一九三六年）。『母・神話類型の心理学的諸相』（『エラノス年鑑』一九三八年）。ケレニイ、ユング共著『神童』一九四〇年。同じく『神女』一九四一年。ヴィルヘルム、ユング共著『黄金の花の秘密』一九二九年。

この発見は理解の一前進を意味する。それはすなわち無意識における二つの層の認識である。つまりわれわれは個人的無意識と、非個人的あるいは超個人的無意識とを区別しなければならぬのだ。*1 後者はまた集合的無意識とも呼ばれるが、それはまさにそれが個人的なものと無縁で、普遍的であり、その諸内容が到るところに見出されうるからだ（個人的諸内容だとむろんそういうことはない）。個人的無意識は、失われた諸記憶や、抑圧された（故意に忘れた）不快な諸表象や、いわゆる識閾下の諸知覚（つまり意識に上せられるだけの強さのない感覚知覚）や、まだ意識に上せられるだけに至っていない諸内容を含んでいる。それは夢にしばしば現れてくるところの、影の形象に照応する。*2

*1 集合的無意識は、客観的に心的なるものを表現し、これに反して個人的無意識は主観的な心的なるものを表現する。

*2 「影」とはどういうものかというと、それは人格の「消極的」部分のことであって、出来るだけ人目につかないように隠蔽された、不利な性質や、発達のわるい機能や、個人的無意識の諸内容などの総体を指す。総括的な叙述としてはT・ヴォルフの『複合心理学の諸基礎入門』一〇七頁以下（『複合心理学の文化的意義』一九三五年）がある。

原像は人類の最古の、最も普遍的な表象諸形式である。それは感情でもあれば観念でもある。のみならず原像は何か自分自身の、独立の生命を持っている。たとえば部分的魂*の生命の如きものを持っている。これはわれわれが認識源としての無意識の知覚に基礎を持つ哲学の流派、あるいはグノーシス派の思想体系などのうちに容易に看取しうるところのものである。パウルスにおける天使、大天使、「玉座と支配」などの観念、グノーシス派の執政官の観念、ディオニシウス・アレオパギタの天上の政府の観念などは、神話類型の相対的独立性の知覚に由来するものである。

＊ この概念については、『コンプレクス理論に関する一般的な事柄』（『文化学的・国家学的著作』第十二巻一一頁以下）を参照。これは『心のエネルギー的構造と夢の本質』（一九四八年）中に再録されている。

これによってわれわれは、リビドがその個人的幼児的転移形式から解放されたのちに撰び取るところの対象をも見出したことになる。リビドはその斜面を流下して無意識の深部へと降って行き、そこでこれまではまどろんでいたところのものを活気づける。リビドは隠れた宝物を発見したのだ。そして人類はいつもこの宝物に頼って生きてきたのだし、この宝物から神々や魔物を作り上げたのだし、それなくしては人間が人間であることをやめてしまうような最も力強い理念の一切をやはりここから汲み上げてきたのである。

たとえば十九世紀が生み出した最大の思想のひとつ、エネルギー恒存の法則の理念を採り上げてみよう。この理念を最初に創り出した人はローベルト・マイアーである。マイアーは医者であって、物理学者でも自然哲学者でもなかった。それでこういう考えというものは、むしろ物理学者や自然哲学者によってこそ生み出されてしかるべきものだったろう。しかしマイアーの考えは本来の意味では創られたのではないということを知るのはきわめて重大なことだ。この考えはまた、当時行われていた諸観念や学問上の仮説が相寄って出来上ったものでもないのだ。この考えは、その創始者の内部にまるで植物のように芽生えて成長してきたのである。マイアーはグリージンガーに宛てて、この点に関してつぎのように書き送っている（一八四四年）、「私はこの理論を書きもの机の上で案じ出したのではないのです」（それから彼は自分が船医として一八四〇年から四一年に亙ってえたところの若干の生理学的諸観察について書き、そのあとをつぎのように続けている）。「さて生理学上の問題を解明しようとすると、形而上学的見地からの処理をいさぎよしとしないならば（私にはそういう処理の仕方は全くたまらないのです）、どうしても物理学の知識がなければなりません。そんなわけで私は物理学の勉強を始めて、船に乗って折角遠い珍らしい土地を訪れているというのに、見物もしないで船室に閉じ籠もっていて、ほかの人から馬鹿な奴だと笑われかねないほどの熱心さで物理学研究をやったのです。そうしていると時々何か霊感を受けたとでもいっていいような気持になることがありました。ところが、それ以前にもそれ以後にもそういう気分になれた覚えがないのです。スラバヤのレーデにいた時でしたが、頭の中を二つ三つの思いつきがさっと走りすぎたのです。それを一所懸命に追いかけて行くと、新しい問題に行き当ったわけです。そういう瞬間はむろんすぐ過ぎ去ってしまいましたが、その時私の中に浮び上ってきたものをあとから落着いて吟味してみますと、それが主観的に感ぜられた真理であるばかりでなく、客観的にも証明可能の真理であることがわかりました。しかしこういうことが、私のような物理学というものに暗い男によって起りうることなのかどうかという問題は、むろん私としては不問に附しておかざるをえないのですが」。

ヘルムはその『エネルギー論』中にこう述べている、「ローベルト・マイアーの新しい思想は、在来のエネルギー概念を綿密に検討することによって漸次そこから形を整えてきたというようなものではなく、他の精神的領域に発して、いわば思考に襲いかかり、思考を強制して、在来の諸概念を自分に合うように変えさせるところの、かの直覚的に把握された諸理念に属する」(『エネルギー論の歴史的発達』一八九八年、二〇頁)。

ところで問題はこうだ、それほどの力強さで意識に押し迫ってきた新しい理念はどこに由来するのか。またその理念は、それが意識を生れて初めての熱帯地方旅行の種々雑多な諸印象から全く引き放しうるほどに独占しえたその力をどこからえてきたのか。これらの問題に答えることはそう容易ではない。しかしわれわれの理論をこのケースに適用すると、こういう答えが出てくるわけだ、エネルギーとその恒存の理念は、集合的無意識の中にまどろんでいた一個の原像であるに相違ない。むろんこういう結論を出すためには、そういう原像が精神史中に実際にも存在して、数千年に亘って活動していたということを証明してみせなければなるまい。この証明は事実さしたる困難もなしにやってのけることが出来る。地上諸方の地域に存在する最も原始的な諸宗教はこの原像の上に築き上げられているのである。その周囲に一切が廻転しているような一般に流布した魔力があるという唯一の決定的な思想を持ったところの、いわゆる力動的宗教がそれである。[*1] 著名な英国の学者テイラーや同じく英人のフレイザーらは、この理念をアニミズムと誤解した。事実未開人たちは彼らのエネルギー概念を魂とか精霊とかいうものだとは思っていない。そうではなくて実際に、アメリカの学者ラヴジョイが適切にも「原始的エネルギー論」と名づけたようなあるものと解しているのである。[*2] この概念は、魂、精神、神、健康、体力、受胎力、魔力、影響、権力、声望、薬、及び激情の喚起を特長とするところの若干の気分状態などに照応する。ポリネシア土人のあるものにあっては「ムルングウ」（ほかならぬこの原始的エネルギー概念）は、精神であり魂であり魔性のものであり魔力であり声望である。そして何かびっくりするようなことが起ると、彼らは「ムルングウ」と叫ぶ。この力概念こそまた未開人における神の概念の第一稿である。原像はつぎつぎと新しいヴァリエイションのうちに歴史の流れとともに発達してきた。旧約聖書では、魔力は燃える荆の藪とモーゼの顔とのうちに輝き出ている。福音書では魔力は天から下がる燃える舌という形での精霊の来降として現れている。ヘラクレイトスでは世界エネルギーとして、「永遠に生きる火」として現れているし、ペルシアでは神の恩寵「ハオーマ」の火の輝きがそれであり、ストア学派では原暖、運命の力がそれである。中世宗教伝説ではそれはアウラとして、輪光として現れ、炎となって、恍惚状態にある聖者が横たわっている小屋の屋根から吹き出している。聖者たちは彼らの幻覚のうちにこの力の太陽を、光りの充溢を見る。古い考え方に従うならばこの力は魂そのものである。霊魂不滅の理念のうちに、その恒存が捉えられており、輪廻という仏教や未開人の考え方のうちにその恒存的な、無際限の変転能力が捉えられている。

＊1　いわゆるマナ。ゼーダーブローム『神の信仰の生成』一九一六年参照。

＊2　『一元論者』第十六巻、三六一頁。

だからしてこの理念（エネルギー恒存の理念）は何万年も以前から人間の頭脳に深く刻み込まれてきたものなのだ。だからこそこの理念は人間各人の無意識のうちにちゃんと用意されているのである。この理念を再び外へ出させようがためには、ただ若干の条件が充たされさえすればいい。明かにローベルト・マイアーにおいてはかかる諸条件が充たされたのだ。人類最大最上の思想は、恰も基礎絵図面の上に建物が建てられるように、諸々の原像の上に築かれ形成されるものなのである。これまで私はよく人に、一体そういう神話類型とか原像とかいうものはどこからやってきたものなのかと訊ねられた。神話類型を人類のつねに繰り返される経験の沈澱したものと考えるのでなければ、その発生は説明出来ないのではないかと私は思う。最も平凡で、同時に最も印象的な経験のひとつは、毎日々々の、外見上の太陽の昇り沈みである。周知の自然現象としての太陽の運行が問題になるかぎりでは、われわれは無意識の中にはそれに関する何物も発見出来ないが、これに反して太陽神話ならありとあらゆる形で存在している。太陽神話類型を形成するのはこの神話なのであって、自然現象ではない。同様のことはまた月の満ち虧けについてもいいうる。神話類型は、繰り返しくりかえし同一乃至は類似の神話的観念を再生産するところの、一種の可能性である。従って無意識に刻み込まれたものは自然現象によって呼び起された主観的空想表象のみであるかのような観を呈する。それ故、神話類型は主観的反応が何回となく繰り返された結果、一定の形を採るに至ったものとも考えられよう。* この仮定は、むろん問題を解決せずして、ただ一寸横にずらしただけのものである。若干の神話類型は既に動物において出現し、従ってそれらは生物一般の独自性の中に基礎を置いており、だからまた生命の表出なのであって、この生命表出がそのようなものであるということはそれ以上は説明しようにも説明出来ないと考えてしかるべきかと思う。どうやら神話類型というものは、幾度となく繰り返された類型的諸経験の沈澱であるばかりか、同時にまたそれらは経験的には同一の経験の繰り返しへの力乃至は傾向のように振舞うものである。ある神話類型が夢や空想や生活の中に現れてくると必ずそれはある特別の「影響」乃至は（それによってその神話類型が神的に、すなわち眩惑的に、あるいは人を行動へと駆り立てるようにはたらきかけるところの）一種の力を伴うものである。

＊『心理学論稿』第三巻、一九三一年、一四四頁所載の『現代の魂の諸問題』中の『魂の構造』参照。

原像の宝庫よりするところの新しい理念の誕生を示す上記の一例を論じたわれわれは、ここで再び転移過程の説明に戻ろうと思う。われわれはリビドがまさにかの一見辻褄の合わぬ奇妙な空想中にその新しい対象をつかみ取ったことを見た。つまりそれは集合的無意識の諸内容であった。

既にいったように、医師への原像投影は、その後の治療にとっては軽視すべからざる危険を意味する。原像はかつて人類が考え感じたところの最も美しく最も偉大なもの一切を含むのみならず、人間がかつて敢えてしたところの一切の邪悪な行動をも含むのだ。原像はその特殊なエネルギーによって（すなわち原像は力を蓄えた自動的中心点のように活動する）意識に対しては眩惑的な圧倒的な作用を及ぼし、そのために主体を著しく変化せしめることがある。これは宗教上の回心、暗示的働きかけ、また殊にある種の分裂症形式の発病において見ることが出来る。*さて患者が医師の人格をそれらの投影から区分しえないと、結局は一切の相互理解の可能性は失われ、人間関係が不可能になる。しかし患者がこのカリブディスを避けえたとしても、内部へ向っての原像の逆投影というスキルラが彼を待ち設けているのだ。つまり患者は原像の持つ諸性格を医師に仮託せず、自己自身のものと考えるようになる。この危険もまた前記の危険同様に困ったものである。投影（外部へ向っての投影）にあっては、患者は医師に対する誇大な病的な讃美と、憎悪に充ち満ちた軽蔑との間を動揺している。逆投影（内部へ向っての投影）にあっては、患者は嗤うべき自己神化に陥るのでなければ道徳的な自己拷問に陥る。それら二つの場合に患者が犯している誤りはつぎの点にある。すなわち彼は集合的無意識の諸内容を一人物のものと考えるという点だ。こうして彼は他人乃至は自分を神とし、悪魔とする。神話類型の独自な作用はまさにこの点に現れるのだ。神話類型は人間の心を一種巨大な暴力を以ってつかまえてしまって、人間的な世界の埒外へと踏み出して行くことを強制する。神話類型は善につけ悪につけ、その両方向において人間に誇張を、ふくれ上り（インフレイション！）を、不随意を、錯覚を、無意志状態を強いる。ここにこそ人間がいつも魔神を必要とし、神なくしては絶対に生きることが出来なかった所以のものがあるのだ。ただし昨日の、そして一昨日の、殊に賢明な「西洋人《ホモ・オクシデンタリス》」の見本若干、つまりかの超人たち――彼らの「神は死せ」るが故に彼ら自らが神となった超人たち（が、彼らのなった神は、厚い頭蓋骨と冷たい心臓を持った袖珍版の神だった）は別である。すなわち神の概念は非合理的な性質の、絶対に必要な心理学的一機能であって、この一機能は神の実在の問題などとはそもそも何のかかわりもないのだ。蓋し人間知性を以ってしては「神は実在するか」というような問いに答えることは絶対に出来ないのだから。そればかりか、神の実在の証明というようなものは更にありえぬものなのだ。その上、そんな証明は無用でさえある。なぜなら万能にして神的なるものという理念は、たとい意識的にではないにしても、無意識的には到るところに存在しているのである。なぜかというと、この理念は一個の神話類型だからである。われわれの心の中にあるものは至高の権力を持っている。――それは意識的に神として見られていなくても、パウルスのいうようにそれは少くとも「腹」なのだ。それ故私は神という理念を意識的に承認する方がより賢明だと思う。そうでないと何か別のものがあっさりと神にまつり上げられてしまうからである。それも大抵は（いうところの「進歩的」意識がどう頭をひねろうとも）何かひどく不充分な馬鹿らしいものが神にまつり上げられてしまうからだ。われわれの知性は、神が実在すること、又、いかにして神は実在するか、これら二つの事柄を考えてみることはもとより、そもそも神というものをちゃんと考えてみることは出来ないということをとっくの昔に承知している。神の実在は結局のところ解決不能の一問題なのである。しかし一般的同意《コンセンスム・ゲンティウム》は何万年もの昔から神々について語り、今後何万年も神々について語るであろう。人間が自己の理性をどれほど立派で完全なものと思おうとも、その理性というものがいずれにしろ可能なる精神的諸機能の一つにすぎず、世界の諸現象の、理性の手に負える一面のみを相手にするものでしかないというのも疑う余地のないことなのである。しかし一寸眼を転ずれば人間世界の到るところに理性とは一致せぬ非合理的なものがごろごろしているというのが現実である。そしてこの非合理的なものも同様に一個の心理学的機能、まさに集合的無意識なのであり、理性は本質的には意識に結びついているのである。世界全体の秩序なき個々の場合の混沌の中になんらかの秩序を発見し、それからすくなくとも人間が宰領する領域内ではそういう秩序を創り出そうがためには、意識は理性を持たねばならぬ。われわれは、われわれの内部や外部にある非合理的なものの混沌を出来るだけなくなしてしまおうという賞むべき有益な努力を続けている。一見この仕事はかなりの成果を挙げ示してきた。ある精神病患者はかつて私にこういったことがある、「ねえ、先生、ゆうべ私は空全体を昇汞水で消毒しましたが、神さまはついに見かけませんでした」。われわれの状態とてもそんな工合なのである。

* 詳しく分析されたケースは『リビドの変様と象徴』について見られたい。同じく『精神分析的・精神病理学的研究年鑑』第四巻、一九一二年、五〇四頁以下のネルケンの『分裂症患者の空想に

関する分析的諸観察』を参照。

実際に偉大な賢者だった老ヘラクレイトスはすべての心理学的法則中で最も霊妙な法則、すなわち諸対立物の調節的機能の法則を発見した人である。彼はこの法則をエナンティオドロミナ、すなわち背反と名づけた。一切のものはいつかはその反対物に転化するというのがその意味だ(今私は上に挙げたアメリカの実業家のケースを思い出した。あのケースはヘラクレイトスのエナンティオドロミナをものの見事に示している)。だから合理的な文化の立場は必然的にその反対物へ、つまり非合理的な文化荒廃へと転化する。* われわれはわれわれ自身を理性そのものと同一化してはならぬ。なぜなら人間は専ら理性的な存在ではないのだから。そして人間が専ら理性的な存在であることはできないし、又、絶対に専ら理性的な存在であることはないだろう。すべての進歩派はこのことを心に銘記すべきだ。非合理的なものは、これを根絶すべきではなく、根絶してしまうことも出来ない。神々は死ぬことも出来なければ、死んでしまっていいものでもない。私はさきに、人間の心の中にはいつも何かこう一種至高の力があるようだ、そしてもしそれが神の理念でないとしたならば、パウルスの言葉を藉りればそれは腹だろう、と書いたが、私はそれによって、つねにある衝動乃至は表象コンプレクスが心的エネルギーの最大量を自己の掌中に握って、それによってその衝動乃至は表象コンプレクスは人間の自我を頤使《いし》するに至るという事実をいおうとしたのであった。通例、自我はそのエネルギーの焦点に自己を同一化し、そもそもそれ以外のことは何も望まず何も必要とせぬと思い込んでしまうほどに、このエネルギーの焦点に吸い寄せられてしまうものである。しかしそんな風にして一種の狂気が、偏頗妄想乃至は憑かれた状態が、最もひどい偏向が生じ、それが心のバランスをきわめて深刻に危うくする。かかる偏向への能力が、ある種の事業成功の秘密であることは疑いを容れない。だから文明は一所懸命になってこういう偏向を養成しようと努める。情熱、すなわちこういう偏頗妄想に潜むエネルギー蓄積は、古人が「神」と呼び、今人とても同じように呼んでいるところのものなのである。われわれは「彼はこれこれのことを神にしている」というではないか。そんな場合、われわれは自分がまだ意志や撰択能力を持っていると思い込んでいて、その一方で、自分がもう憑かれていて、既に自分たちの関心が権力を掌中に収めた自分たちの主人になっているということに気がつかないのだ。そういう関心は一種の神であり、その神はもし多くの人々によって承認されると次第に「教会」を作って行き、信者の一群を自分の周囲に集める。これは組織と呼ばれる。しかしこの組織には、「ベルゼブルに由って悪鬼を逐い出す」（小難を去らしめんとして大難を招く）ところの組織破壊的な反動がつきまとうのである。しかしある運動が疑うべからざる権力に到達した時にはいつも迫ってくるところのエナンティオドロミーは問題の解決を意味せず、逆にその組織化におけると同様、その組織破壊傾向においても盲目的なのである。

＊この一文を書いたのは前世界大戦中だった。筆を加えず、ここにそのままの形で残存せしめた。なぜならこの一文は、一再ならず歴史上で実証されるところの一個の真理を含んでいるからであ

る(この文章は一九二五年に書かれた)。現今の諸事件が示すが如く、それは時を経ずしてまたわれわれの眼前において実証された。一体誰がこの盲目の破壊を欲するのか。……それなのにすべての人々は持っているものを洗いざらい差出して魔神の支配を助けているのだ。ああ、この幼児の如き無邪気!(この文章が書かれたのは一九四二年のことである)。

エナンティオドロミーの刻薄なる法則を免れうるのは、自己を無意識から隔離し、しかも無意識を抑圧してでなく——抑圧すれば、無意識は彼に背後から襲いかかるだけだ——無意識をはっきりと、彼とは区別さるべきあるものとして自己の前に据えうる者だけである。

かくて初めて私が上に触れたスキルラ・カリブディス問題の解決の緒口が開かれる。患者は、自我と自我にあらざるもの(集合的な心)とを区別することを学ばねばならぬ。これによって彼は、その瞬間から将来永い間に亙って折衝を続けねばならぬところの材料を入手する。以前無益な病的な形式のうちに捉われていた彼のエネルギーは、かくしてそのエネルギー本来の領域を見出したことになる。人間がその自我・機能を着実に発揮せしめ、すなわち人生に対する自己の義務を果たし、そしてあらゆる点において人間社会の生活に堪えうる一員となることが、自我と非自我とを区別するということの本質である。彼がこの面においてせずに怠っているものは、無意識となり、その立場を強化し、その結果彼は無意識によって嚥み込まれるという危険に陥る。しかしそれは重く罰せられずにはいないのだ。老シュネシオスがいうように、「稀薄になった魂」

（霊）は神となり魔神となり、この状態において神罰を蒙る、つまりニーチェも発病の当時経験したところの躊躇後悔の分裂状態がそれである。エナンティオドロミーは、相反するものの二つの側へ引き裂かれていることであって、それらの相反し相対立するものは神に特有なものであり、又従って自己の神性を自己の神々の克服に負っているところの、神となった人間にも固有なものなのである。集合的無意識が問題になってくるや否や、われわれは若い人間やあまりにも永く幼児的な段階にとどまっている人間などを実際に分析する場合に差し当っては考慮の外に置かるべきところの世界、問題段階に存在するのだ。まだ父親や母親の像の克服が問題であるような場合や、普通の人間が当然持っている一片の外的生活の領略が問題であるような場合には、集合的無意識や対立問題についてはむしろ語らぬ方がいいのである。だが両親転移や青年期の色々の錯覚が克服されていたり、あるいはまさに克服されようとしていたりする場合には、対立問題と集合的無意識とについて語る必要がある。われわれはそこではフロイト流の、アードラー流の還元方法の射程外にいるのだ。なぜならわれわれはそこではもはや、「ある職業に携ったり結婚したり、あるいはまた生命の拡張を意味するなんらかの事柄の妨害となっているすべてのものを、どうしたならば除去出来るか」ということを問題にするのではなくて、専らなる諦めと憂欝な回顧より以上のものたるべきかぎりにおける人生の継続をそもそも可能にしてくれるところの「意味」を発見するという課題の前に立っているからなのである。

われわれの生涯は太陽の動きのようなものだ。朝、太陽は絶えず次第に力を得て行って、正午に至るとその輝きも熱も絶頂に達するが、それからエナンティオドロミーが始まる。なるほど太陽は先へ前へと進んで行きはするが、それはもはや力の増大を意味せずして、力の減退を意味する。その如くわれわれの課題も若い時と、歳をとってからとではちがうのである。若い頃は拡張や上昇を妨げる一切のものを取り除けばそれでいいのだが、歳を取り進んでくる頃になると、下降を助ける一切のものを促進するようにしなければならない。歳の若い経験の足らぬ人間は、年寄りは放っておけばいい、どの道もう大したことはしないのだし、もう人生の大半をやりすごして、現在何かに役立つとすれば、それは過去の石化した支えとしてにすぎないのだと考えるかもしれないが、人生の意味は青春の拡張期のみに尽きると考えたり、たとえば女性というものは月経閉止で「片附いて」しまうなどと考えたりするのは大きな間違いである。人生の午後は、人生の午前に劣らず意味深い。ただ人生の午後の意味と意図とは、人生の午前のそれとは全く異なるものなのである。* 人間には二つの目的がある。第一の目的は自然目的であり、子孫を生み、これを養い育てるのがそれで、これに更に金を儲けたり社会的地位をえたりするという仕事が加わる。この目的が達成されると、別の段階が始まる。それは文化目的の段階だ。第一の目標の達成には自然と教育とが力になってくれるが、第二目標の達成にはわれわれの力になってくれるものはまことにすくなく、皆無だといってもいいのだ。その上、年寄りも若者の如くあるべきだとか、内心もはやそんなことの価値を信じることも出来ないのに、すくなくとも若い者がやるのと同じことをやるべきだというような誤った見栄がはたらくことがしばしばある。だからこそ実に多くの人間にとって、自然段階から文化段階への移行がひどく困難且つ苦労になるのである。彼らは若い頃の錯覚にしがみついたり、あるいは彼らの子供にしがみついたりする。そしてそんな風にしてせめて僅かばかりの若さを手に入れようとする。これは殊に、彼らの唯一の意味をその子供たちのうちに見て、子供たちを手放さなければならなくなると底なしの虚空に落ち込んでしまいでもするかのように考える母親たちによく見かけるところの現象である。だから、重いノイローゼの多くが人生の午後の始まりに現れてくるのも少しも不思議ではない。人生の午後の始まりはいわば第二の思春期あるいは第二の疾風怒濤期であって、この時期が情熱の一切の嵐につきまとわれることも決して稀ではないのだ（「危険な年齢」）。しかしこの年頃に起ってくる数々の問題は、もはや昔の処方では解決されないのである。人生という時計の針は後戻りさせることが出来ない。若い人間が外部に見出し、又、見出さざるをえなかったものを、人生の午後にある人間は、自己の内部に見出さねばならぬのである。ここでわれわれは、しばしば医師をして少からず頭を悩まさしめる新しい問題群の前に立たされるのである。

＊ ここの叙述に対しては、『人生の転換期』（『心理学論稿』第三巻、二四八頁以下）を参照。

午前から午後へ移行するとは、以前に価値ありと考えられていたものの値踏みの仕直しということである。若い頃の諸々の理想の反対物の価値を悟るということがぜひとも必要になってくるのだ。そして、それまで確信として通用させてきたものの含む誤謬を認知し、それまで真理だと考えてきたものの含むいつわりを見てとり、そしていかに多くの抵抗と敵意とが、それまで愛として通用していたものの中にあったかを感じとることがぜひとも必要になってくるのだ。対立問題の葛藤にまき込まれてしまった人間の多くは、彼らが以前、それを手に入れようと努める価値のある善いことと考えていた一切のものを投げ棄てて、彼らの以前の自我が進んで行ったのとは逆の方向に活路を求めようとする。商売を変えてみる、離婚する、宗旨を変える、あらゆる種類の背信行為は、ほかならぬこの反対物への跳躍の症状なのだ。急激に反対物へと移行してしまうことの欠点としては、以前の生活が抑圧されて、意識的な徳目や価値の反対物がまだ抑制され無意識であった頃に存立していたのと同じようなバランスのとれていない状態が急激な転換によって作り出されるという事実を挙げることが出来る。以前は無意識性の故に恐らく神経症的な障碍があったように、こんどはまた以前の偶像の抑圧の故に障碍が現れる。ある価値の中に非価値が発見され、ある真理の中に非真理が発見されると、それらの価値や真理は全然使いものにならなくなると考えるのは大変な間違いである。それらはただ相対的になったにすぎぬのだ。すべて人間的なるものは相対的である。なぜなら一切は内的対立性の上に成立しているのだから。蓋し一切はエネルギー現象なのである。しかしエネルギーは必然的に、それなくしてはいかなるエネルギーもありえぬところの、先行する対立の上に成立する。まさしくエネルギーにほかならぬ平均化過程が起りうるがためには、つねに高と低、熱と冷等が存在せねばならぬのだ。すべての以前の諸価値をそれらの反対物のために否定しようという傾向は、だからして以前の偏向同様に極端である。もし今や投げ棄てられようとしているのが、一般的に承認された、疑う余地のない諸価値だとしたら、容易ならぬ事態が現出するのだ。ニーチェが既にいっているように、そんなことをする人間は、それらの価値と一緒に自分自身をまで投げ棄ててしまうことになるのである。

肝腎なのは、反対物への転化ではないのだ。その反対物を承認しながら、以前の諸価値を保持することなのである。これは自己自身との葛藤及び不和を意味する。そういうことが哲学的にも道徳的にも歓迎すべからざることであるのはいうまでもないことだ。だからまた反対物へ転化するよりもずっと頻繁にそれまでの立場の痙攣的な強化が遁げ途として求められるというのも尤もな話である。初老の人間の、こういうなるほどあまり有難くない現象の中には、しかしながら少からざる利益も含まれているのである。彼らはすくなくとも背教者にはならない。彼らは依然として真直ぐな姿勢で立っている。そして訳のわからぬ境界へ、汚穢の中へのめり込んで行くようなことはない。彼らは破産者とはならず、ただ枯死して行く樹木になるにすぎない。――もう少し遠慮していえば「過去の証人」である。だが附随症状であるところのかたくな、石化、褊狭、「往昔の礼讃者」の脚ののろさは有難くないのみならず、有害でさえある。なぜなら彼らがある真理なり、なんらかの価値なりを主張する態度はひどくかたくなで強引なために、われわれはその真理に惹かれるよりも、彼らの態度に嫌悪を覚えて尻込みせざるをえず、そのためによき意図の反対の結果を招くに至るのである。彼らをかたくなにしたものは、よく考えてみれば対立問題に対する彼らの不安なのだ。メダルドゥスの不気味な弟は敬遠され、そして密かに懼れられる。

だから絶対であるべき真理と行動基準とはただひとつであるべきなのだ。そうでないと、真理や行動規矩は到るところに感知される怖ろしい崩壊を防ぎとめてはくれないのである（そして人は、そういう崩壊をただ自分の身にだけは察知しないのである）。しかしわれわれは最も剣呑な革命家をわれわれ自身の内部に持っているから、何とかして巧く人生の後半期へ入って行こうとする人はこのことをよくよく弁えていなければならない。これによってわれわれはとにかく、これまで味わってきた外見的の安定を、不安定・不和・対立する諸確信の状態と取り換えっこすることになる。かかる状態の不都合な点は、一見そこから脱出する途がないというところにある。論理学は教えている、「第三のものはない」。

病人治療の実際上の必然から、われわれはぜがひでもこの好ましからざる状態から脱出しうるような手段なり方策なりを求めざるをえない。人間というものは一見克服困難な障碍の前に立つと、退却してしまうものである。彼は（術語でいうと）退行する。彼は自分が似たような状況にあった過去の時代へと退いて行って、その時彼を助けてくれた手段を現在もう一度使ってみようとする。しかし若い時分に役立ったものは、歳をとった現在では役に立たない。あのアメリカの実業家は、再び以前の仕事に戻ってみはしたものの、それではどうにもならなかったではないか。以前の手段ではもう駄目なのだ。だからして退行は更に進捗して幼年時代へまで戻って行く（だからこそ初老以上の神症経患者の多くはひどく子供っぽくなるのである）。そして最後には幼年時代以前の時代へ退行する。というと、眉唾ものだと思う人がいるかもしれないが、実際は、論理的であるのみならず、またありうべきことでもあるところのあるものがこの場合問題になっているのである。

われわれは上に、無意識はいわば二つの層、つまり個人的な層と集合的な層とを持つという事実を述べた。個人的な層は最も夙い幼児期記憶で終りになる。これに反して集合的無意識は前幼児期、すなわち先祖代々の生活の残滓を含んでいる。個人的無意識の記憶像はいわば「かつて一度は体験されたるが故に満たされた」像であるが、集合的無意識の神話類型は、個人によって個人的に体験されなかったが故に満たされていない形式である。これに反して心的エネルギーの退行が最も夙い幼児期をすら超えて先祖代々の人間たちの生活の痕跡乃至は遺産へまで進んで行くと、その時には神話的な形象、すなわち神話類型が目覚めてくるのである。[*1] 以前われわれがそれについては何事も知らなかった一個の精神的な内面世界がぽっかりと口を開ける。そして恐らくはわれわれのそれまでの諸見解とは極度に鋭く対立するところの諸内容が現れてくる。これらの形象は、幾百万という教養ある人間が神智学や人智学の手中に陥るのも尤もだとわれわれに考えさせるほどの強いエネルギーを持っている。そんなことになるのもほかではない、これら近代のグノーシス派の諸体系が既成のキリスト教的宗教形式（カトリック教もまた全くの例外ではなしに）のどれにも優って、今上にいったような内面的な言句を絶する心的事象の表現と型態化とへの欲求によりよく応えてくれるからなのだ。但しカトリック教は新教に比して遙かに包括的に、今問題になっている諸事情を、その教義上の、また礼拝上の象徴制度によって表現することが出来るのである。だが旧教もまた過去においてもまた未来においても、昔の異教的象徴制度の豊けさに到達してはいない。だから異教的宗教はキリスト教が行われ出してからもなお永い間に亙って存続して、のちに漸次若干の底流へと変化して行ったのであり、これらの底流は中世初頭から近世にかけてかつてその生命力を全く喪失したということがなかったのである。なるほど異教的なものは社会の表層からはすっかり姿を消してしまった。しかしそれは姿を変えて、戻ってきて、近代の意識の方向の一面を補償しているのである。[*2] われわれの意識はもうすっかりキリスト教一色に塗りつぶされているので（いやただもう全くキリスト教によって形成されてきているので）無意識的な反対の立場はわれわれの社会では受け容れられることが出来ないでいる。理由は至極簡単だ、その反対の立場は支配的な根本見解にとってあまりにも対立的に見えるからである。ある立場が褊狭に、かたくなに、絶対的に固持されればされるほど、別の立場はそれだけ一層攻撃的に、敵対的に、非和合的なものになるだろう。その結果一寸見には両者の和解は殆んど望みのないものになってくる。しかし意識がすくなくとも一切の人間的思量の相対的な妥当性を承認するならば、この対立もその非和解性の若干を失うのだ。一方この対立は仏教やヒンドゥー教や儒教などの東方の諸宗教のうちに自己にふさわしい表現を求めている。神智論の混合主義（混合と結合）はかかる欲求に大いに応えるものであり、ここから神智論の大成功が説明される。

＊1　読者はここで神話類型という概念の中に、以前述べられなかった新しい一要素が混入してきたことに気づかれるであろう。この混入は不用意な曖昧を意味せず、印度哲学ではきわめて重要

な業《ごう》という一要因によって神話類型の概念内容を意識的に拡大したことを意味する。業という考えはある神話類型の本質の深い理解には欠きがたいものであるが、私は今ここでこの一要因の詳しい説明に立ち入ることなしにその存在を述べておきたいと思う。私は私が提起した概念「神話類型」のために手ひどい批判を蒙った。私は、この概念が異論の余地ある概念であり、少からず唐突なものであることをむろん認めるのだが、私を批判した人々が一体どういう概念で、問題になっている経験材料を表現しえただろうかと、これまで不可解に思い続けてきた次第である。

＊2　拙著『パラツェルジカ』一九四二年、及び拙著『心理学論稿』の、これに続いて公けにされた第五巻を参照。

分析治療に結びついた仕事によって、表現と形成とを求めるところの、神話類型的性質の諸体験が生ずる。むろんこれがかかる種類の経験のなされる唯一の機会だとはいわぬ。神話類型的体験が自動的に現れることも稀ではない。しかもそれは決していわゆる「心理学的」な人々に限ったことではない。私はこれまでに幾度か、まさにその精神的健康に対して医師が疑いをさしはさむ余地の全然ないような人々の口から、実に不思議な夢や幻像について聞かされている。神話類型の体験はしばしば最も個人的な秘密としてこっそりと胸に懐かれることがあるが、それというのもひとはそれによって何か内心深いところを撃たれたと感ずるからなのだ。それは心的非我の一種の原経験、それとの折衝へと人を促すところの内的反対物の原経験なのである。そんな場合ひとは好んで、役に立ちそうな類似経験を探し求めるものだが、そのために本源的な出来事が曲解されて、借りものの諸観念で割り切られてしまうということが頻繁に起るのである。この種の典型的な一ケースは、修道僧フリューエのニクラウが見た三位一体の幻像である。*聖イグナティウスの、眼を沢山持った蛇の幻像も同様の一例である。これを彼は最初神の現れと解釈し、ついでしかし悪魔の現れと解釈した。こういう曲解によって本来の体験は、別の源泉から借りてこられた形象や言葉によって、又、場合によってはわれわれのヨーロッパの地盤の上に生じたものではなく、また殊にわれわれの心臓と結びついておらず、単にそれらのものをはっきりと考えることも出来ない頭脳（考えることが出来ないというのは、ヨーロッパの頭脳はそれらを絶対に考え出しえなかったであろうからだが）に結びついているような見解や理念や形式によって置き換えられるのである。それはいわば盗み取ってきた財産で、悪銭身につかずである。代用品は人間の影を薄くし、人間を非現実的にする。代用品を使う人間は、生きた現実の代りに空虚な言葉を置き、そうすることによって対立の苦悩から抜け出て、一切の生ける創造的なものがしぼみ枯れるところの色褪せた二次元の影の世界の高みへと昇って行くだけのことである。

＊『新スイス展望』一九三三年八月号収載の『修道僧クラウス』参照。

前幼児期への退行によって呼び醒まされた、言句を絶する内的体験は代用物を要求せずして、個々人の生活と労作とにおける個人的形成を要求する。神話的形象は父祖の生活と苦悩と喜びとから出来上ったものであって、体験として、又、行為として再び生命へと呼び戻されんことを欲する。それらはしかし、意識に対するその対立性の故に、直ちにわれわれの世界の中へ運び入れられることが出来ず、意識的現実と無意識的現実とを媒介する一つの道が見出されねばならぬのである。

第六章　綜合的あるいは構成的方法

無意識との折衝はひとつの過程、あるいは場合によっては受苦ともいいえようし、また超越的機能という名称を与えられているところのひとつの仕事である。[*1] なぜかというとその仕事は現実的及び想像的なデータ、あるいは合理的及び非合理的データに根ざし、かくして意識と無意識との間に口をあけている溝に架橋するからである。無意識との折衝は一個の自然的過程であり、対立緊張から生ずるエネルギーの啓示であって、夢や幻像の中に自動的に現れてくる一連の空想諸過程のうちに存立する。同一の事象はある種の分裂症形式の初期の諸段階においても看取されうる。かかる過程の古典的記述はたとえばジェラール・ド・ネルヴァルの自伝『オーレリア』にある。文学作品で最も偉大な例は『ファウスト』第二部である。[*2] 対立統合の自然的過程は私にとっては、本来無意識的に、そして自動的に起るところのものを人為的に呼び起して、それを意識と意識的把握に近づけるということをその本質とする一方法のモデル、その方法の基礎となった。

多くのケースの不幸は、そういうケースの中で起ったかの諸事象を精神的に処理するところの手段や方途を持たぬという点にこそあるわけだ。まさにその時こそ医師はある特殊な治療方法によって病者を助けなければならないのである。

＊1 私はのちに、「超越的」機能の概念が高等数学の方でも使われ、しかも実数と虚数の機能という名称で行われているということを知った。
＊2 一連の夢の説明は『心理学と錬金術』（『心理学論稿』第五巻）、一九四二年中に与えられている。

既に見たように本書の初めの方で論議した諸理論は、専ら因果的に還元的なやり方に基礎を置いている。そしてそのやり方は夢だとか空想だとかをその過去の記憶諸成分と、その根柢にある衝動過程とに還元する。私は上にかかるやり方の正しさと限界とに触れた。こうしたやり方は、夢象徴がもはや個人的な記憶残滓や努力に還元されない瞬間、つまり集合的無意識の諸形象が現れてくる瞬間に行きづまってしまうのである。そういう集合的諸理念を個人的なものに還元しようとするのは無意味だろう。いや無意味なばかりではない。冷酷な経験は、それが有害であることを私に教えた。上に述べたような、専ら個人主義的に方向づけられた医学的心理学を放棄することは私にとってなかなか困難だったし、永い間そうすることを躊躇したのだが、数々の失敗を経て私は遂にこの決心をしたのである。まず私は、分析というものが、ただ解消であるかぎりにおいては必ず綜合を伴わなければならぬということや、ただ解消されただけでは殆んど無意味であるが、これを解消させず、逆にそれの持っている意味を確認し、一切の意識的手段によって更に拡大（いわゆる増幅*）する時は実に様々な意味を展開するような心的材料があるということなどを徹底的に悟らされねばならなかった。集合的無意識の形象乃至は象徴は、綜合的取扱いを受ける時にのみ初めて自己の価値を発揚するのである。分析は象徴的空想材料をその構成成分に分解してしまうが、綜合的態度はそれを一般的な、納得できる形で表現する。この操作はむろん簡単ではない。だから私は、その全過程を説明しうる一例をここに挙げようと思う。

＊　この語の定義はJ・ヤコービの『C・G・ユングの心理学』一九四〇年、一〇〇頁以下を参照。

個人的無意識の分析と、集合的無意識諸内容の出現との間の重大な限界点に立つ一女性患者はこういう夢を見た。「かなりの幅を持った小川を渡ろうとする。橋はない。だが、何とか渡れそうな場所が見つかる。愈々渡ろうとしかかると、一匹の大きな蟹が自分の足をつかむ。この蟹は水の中に隠れていたのであった。そして自分を離さない。不安のあまりに眼が覚める」。

この夢に対する彼女の思いつき。

一、小川。これは容易に乗り越えられない限界を形成している。――自分はある障碍を突破しなければならない。――これは恐らく、ただのろのろとしか前進出来ないということに関係しているのだろう。――自分はきっと向う側へ行くべきなのだ。

二、浅瀬。安全に向う岸へ行かれる一つの機会。――可能なひとつの途。――これがなければ、小川の川幅が大きすぎる。治療のうちに、障碍を突破する可能性が存在している。

三、蟹。蟹《クレープス》は初めすっかり水中に隠れていた。自分は最初それに気づかなかった。——癌（癌もドイツ語ではクレープスで、蟹と全く同じ語）は怖ろしい病気、不治の病だ（癌で亡くなったX夫人を思い出す）。——蟹はあとしざりする動物である。——そしてたしかに自分を水中へ引きずり込もうとした。——蟹は気味わるく私にからみついた、そして私はひどく不安になった。——一体何が私を向う岸へ渡してくれないのか。そう、そう、自分の女の友だちとの間にまたちょっと一悶着あった。

この女友だちというのが実は唯の友だちではなかったのである。彼女はこの友だちと永年に亙ってロマンティックな、同性愛に近い関係があった。ふたりはよく似ていて、どちらも神経質だった。またふたりとも大変な芸術愛好家であった。しかし患者の方がその女友だちよりも人間が強かった。ふたりの関係はあまりにも親密で、そのために人生の諸々の可能性が締め出しを喰っているという気味があったので、ふたりとも神経をとがらせて、理想的な交友関係が成立していたのにもかかわらず、よく大喧嘩をした。喧嘩はふたりの神経過敏に根ざしていた。そこでふたりの無意識は、ふたりの間に距離を置こうとする。しかしふたりはそれを認めたがらない。喧嘩のきっかけはいつも、自分たちふたりがお互いをまだ充分に理解し合っていない、もっともっとお互いに話し合うべきだ、そういってふたりは懸命になって話をしようとするということだった。するとむろん忽ち誤解が生じてくる。その誤解がまたぞろ前のよりもずっと深刻な喧嘩の種を蒔く。実はこの喧嘩口論がふたりにとっては永い間、それよりいいものがなかったので、ふたりが絶対に失うまいとしていた享楽の代用物だった。殊に私が扱った患者は、どんな喧嘩にも「死ぬ」ほどに疲れてしまい、もうふたりの友情にはひびが入っていたことを夙うの昔に見抜いていてしかるべきであり、ふたりの関係を理想的な友情関係に持って行きたいという誤った名誉心からだけ、この交友関係を信じていたということも彼女には夙うの昔にわかっていてもよさそうだったのにもかかわらず、自分の最も親しい友人によってさえも自分は理解されないのだという甘美な苦痛を永い間に亙って失いたがらなかった。彼女は既に母親に対して誇張された空想的関係を持っていて、母親が死んでからは自分の感情をこの女友だちの上に転移していたのである。

分析的（因果的・還元的）解釈。*1

以上の如き解釈は次のように要約出来る、「私にだって向う側へ渡ってしまわなければならない（すなわち女友だちとの関係を廃絶する）こと位はちゃんとわかっている。けれどそれよりも友だちが私をその鋏（すなわち抱擁）から離さないでいてくれた方がよっぽどいい。あるいはこれを幼児的願望に直していえば、母親が、どの母親もするような大仰な抱擁でもう一度私を自分の胸に懐いてくれればいいのだが」。この願望が持っている刺は、色々な事実によって証明されているところの強烈な同性愛的底流中にある。彼女は大きな、「男のような」足を持っていたから、蟹は彼女の足を挟んだ。彼女は女友だちに対して男の役割を演じていて、またそれに応じた性的空想を懐いていた。足は周知の如く男根的意義を持っている。[*2] だからこの夢の全体的解釈はこうなる、彼女が女友だちとの関係を清算したがらないでいる原因は、彼女が抑圧された同性愛的願望をその女友だちに対して持っているというところにある。この願望は道徳的にも美的にも意識的人格の傾向とは相容れないから、それは抑圧され、だから多かれ少かれ無意識なものなのであり、不安はその抑圧された願望から出てきたのである。

*1 両解釈方法の似通った把握がヘルベルト・ジルベラーの『神秘主義とその象徴の諸問題』という推薦すべき書物（一九一四年）に見出される。

*2 エグルモン『足と靴の象徴』一九〇九年。

こう解釈しては、彼女の調子の高い友愛理想をむざんにも貶めることは勿論である。それはそれとしても、この分析段階では、彼女は私がそういう解釈をしたからといって、私に腹を立てたりするようなことはもうなかったことであろう。彼女は若干の事実によってもうかなり以前から自分の同性愛的傾向の存在については充分に承知していたから、それは彼女にとって愉快なことではあるまいが、しかし進んでそういう傾向を承認しただろう。だから治療の現段階で私が彼女に上記の如き解釈を告げたとしても、私は彼女の側からなんの抵抗も受けずに済んだだろう。彼女はかかる望ましからざる傾向の不都合をすでに分別心をはたらかせて克服してしまっていたのである。しかし私の口からそういう説明をきくと、彼女はこういったかもしれない、「一体どうして私たちはまだこの夢をいじくり廻すのでしょうか。だってこの夢は、私がもう夙うの昔に知っていることを繰り返しているだけなのですから」。事実この解釈は患者に対して何の新しいことをも語っていない。だからこの解釈は彼女にとって興味のない、効果のないものである。尤も治療を始めたばかりの頃にこういう解釈を患者にいってきかせたところで、それは全然受けつけられなかっただろう。というのは異常な気取り屋であるこの女性はどんなことがあろうと、この解釈のようなことは絶対に承認しなかっただろうから。洞察の「毒」はごく用心深く、ごく少量ずつ投与されねばならぬ。そして患者が少しずつ理性的になるのを待たねばならぬ。ところで分析的乃至は因果的・還元的解釈がもはやなんの新しいものをも提供せず、ただ同じものをちがった形で提供するにすぎないならば、それは、ひょっとしてそこに現れてくるところの神話類型的な諸契機に注意しなければならぬ瞬間がやってきたことを意味するのだ。そういう契機がはっきりと姿を現したならば、解釈の仕方が変更されなければならぬ時期が到来したというべきなのである。つまり因果的・還元的方法にはこのケースにおいて次のような欠点がある。第一、何よりもまずこの方法は患者のさまざまな思いつきを精密に検討していない。たとえば「蟹《クレーブス》」に対する「癌《クレーブス》」の連想が顧みられていない。第二、独自な、象徴撰択という事実が曖昧のままに放置されている。たとえば女友だち・母親はなぜ蟹として姿を現してきたのか。女友だち（母親）は早い話が妖精などのような、もっと綺麗な、輪郭のととのったものとして現れてきたって一向に差支えないではないか（「彼は半ば妖女に引かれ、半ばは自ら沈み行きぬ」等）。あるいは章魚《たこ》でも、竜や蛇でも、あるいは魚でも同じ役目が果せたであろうに。第三、因果的・還元的方法は、夢が主観的（主体的）現象であり、だから徹底した解釈をしようと思えば蟹をただ女友だちや母親にのみ関係づけているばかりではいけないので、主観（主体）、すなわち夢を見た本人自身にも関係づけてみなければならぬということを忘れている。この夢を見た女性患者はこの夢全体なのだ、彼女は小川であり、渡渉であり、蟹であり、またこれらのデテイルは主観（主体、この女性患者）の無意識の中の諸条件や諸傾向を表現するものなのである。

それ故、私は次ぎのような用語を採用した。夢の諸印象を現実的対象（客体）と同一視するすべての解釈を「客観段階における解釈」と呼ぶ。この解釈に対して、すべての夢成分、たとえば夢の中で行動するすべての人物を、その夢を見た本人に結びつける解釈が対立する。このやり方を「主観段階における解釈」と名づける。前者は分析的である。なぜなら前者は夢内容を記憶集団に分解し、この記憶集団は外的諸状況に関係づけられているからである。これに反して後者は綜合的である。なぜなら後者の行き方は、夢の基底にある記憶集団を外的なきっかけから分離せしめ、主観の傾向乃至は意図として捉え、それらを再び主観に配属せしめるからだ（体験において、私は単に客観を体験するのみならず、何よりもまず私自身を体験する。が、それも私が私の体験を説明しうる時にのみ可能である）。だからこの場合一切の夢内容は主観的諸内容を象徴するものと解釈されるのである。

従って綜合的乃至は構成的解釈態度は主観段階における解釈のうちに存立する。*

＊『精神病の内容』第二版、補遺参照。このやり方を私は別のところでは「解釈学的」方法とも名づけた。『分析心理学論稿』第二版、一九一七年を見よ。

綜合的（構成的）解釈。

克服さるべき障碍が彼女自身の内部にあるということは、この女性患者には無意識である。つまり、容易に踏み越えがたく、前進を阻んでいるひとつの限界がそれである。それはとにかくまさにこの瞬間、ひとつの特別な不意打ちの危険が迫ってきている。すなわち何か「動物的なもの」（人間的な、あるいは超人間的なもの）がそれで、これがあとしざりし、深みへもぐり、夢を見ていた本人をもそっくりそのまま深みへ引きずり込もうとするのだ。この危険は人知れずどこかに発生し、不治（あまりにも強力）であって、遂には人を殺してしまう病気の如きものである。患者は、女友だちが自分の邪魔をして、自分を下へ引きずり込むと思い込んでいる。彼女がそう信じているかぎりは、むろん彼女は女友だちに働きかけ、女友だちを「引き上げ」、説教し、改めさせざるをえない。彼女は、女友だちによって引きずり下されまいがためには、無益の、無意味の理想主義的努力をなさざるをえない。ところが女友だちの方でも同じ努力を重ねているわけだ。なぜなら女友だちの立場も、私の患者の立場と同じだからだ。そんなわけでふたりは軍鶏のように互いに高く飛び上ろうとする。一方が高く飛び上れば、もう一方は更に高く飛び上ろうとする。なぜか。ふたりとも、罪は相手にある、客観（客体）にあると信じ込んでいるからだ。主観（主体）段階においてこの事態をつかめば、この無意味から解放されるのだ。すなわち夢は患者に、患者自身が自己の中にあるもの（彼女をして限界を突破せしめぬもの、ある状態なり立場から他の状態や立場への移行を阻むもの）を持っていることを示している。場所変更を立場変更と解釈することは、ある種の原始語の表現方法によって証明されている。そういう原始語ではたとえば「私は今まさに行こうとしている」という文章は「私は今、『行く』場所にいる」となる。夢の言葉を理解するためにわれわれはいうまでもなく、原始的及び歴史的象徴表現の心理学の持っている類似現象を充分に利用する。なぜなら夢は本来、一切の先行する発達史的諸時期の残滓的機能可能性を含んだ無意識から生れるものであるからだ。これに対する古典的例証は『易経』の託宣中にある「大いなる水の渡り」である。*

* リヒァルト・ヴィルヘルム『易経——変転の書』一九二四年。

ところで問題は一にかかって蟹の意味の解明にある。第一にわれわれが知っていることは、蟹は女友だちにおいて現れてくるあるものだということである（われわれの患者は蟹を女友だちに関係づけるのだから）。それから蟹は、母親においても現れてきたあるものである。母と女友だちがこの特性を実際に持っているかどうかは、患者に関してはどうでもいいことである。状況はただ、彼女自身が変化することによってのみ変化してくるだろう。母親を変化させることは出来ない。なぜなら母親は死んでいるのだから。それから女友だちも変化させるように仕向けることは出来かねる。自分を変化させるさせないは、女友だち自身の関心事だから。ある特性が既に母親において現れてきたということは、幼児的なるものを指向している。さて母と女友だちとに対する患者の関係における共通のものは何か。それは、烈しい夢想的な愛情を求める心である。その心の烈しさにわれわれの患者は圧倒されていると感じている。ところでこの欲求は、周知の如く盲目的であるところの、幼児的な圧倒的な欲求の性格を具えている。だからこの場合問題になるのは、教育を受けていない、複雑化していない、人間化していない一片のリビドであり、このリビドはまだ強迫的な動物的性格を持っていて、まだ文化によって人間的に馴致せしめられていないのである。そういうリビドの一部分にとって動物こそは打ってつけの象徴である。だが、その動物がなぜほかでもない蟹でなければいけないのか。患者は蟹から、X夫人がそのために死んだ癌を連想する。X夫人は現在の患者自身と同じ年齢で死んだ。だからここにはX夫人との暗示的な同一化があるといっていいだろう。そこでこの点を追求してみなければならない。患者はX夫人について次のようなことを語った。X夫人は早くから未亡人になっていて、非常に陽気で楽天的な人だった。夫人には幾人かの男性がいたが、その中にひとりの風変りな男、有能な芸術家がいた。この芸術家は患者とも知合いで、患者に不思議と眩惑的な、不気味な印象を与えた。

一体にこの同一化ということは、そこに無意識的な、現実となっていない類似性がなければ起るものではない。では患者はどういう点でX夫人に似ているか。私は患者に幼い頃の空想や夢をいくつか思い出させることに成功した。それらの空想や夢は、患者自身にもまた浮気の血が流れているが、患者はそれをいつも戦々兢々として抑えつけていたということをはっきりと示していた。なぜそんな風にびくびくもので抑えつけていたかというと、自分の内部にぼんやりと感じていた浮気心のために、彼女は非道徳的な人生行路を辿らぬものでもないと、内心懼れていたからである。これによってわれわれは、「動物的」部分を認識する上に大いに前進したことになる。つまり問題はここでもまた、同一の、馴致されていない、衝動的な欲望なのである。しかしこの欲望はこの場合男たちに向けられているのだ。これによって、患者がなぜその女友だちを放すことが出来ないかがかなりわかってくる。すなわち患者は、患者にとって遙かに危険に思われているところの、男を相手の浮気のとりこにならぬためには、女友だちにしがみついていないわけには行かないのである。それだから彼女は幼児的な、同性愛的な段階にとどまっているのだ。しかしこの段階は彼女には防壁の役割を果してくれているのである（これは経験上、不適当な幼児的諸関係にしがみついていることの、最も重大な契機のひとつなのである）。しかしまたこの部分には、彼女の健康、人生の波濤にめげることなき将来の健全な人格の萌芽が横たわっているのである。

患者はしかしＸ夫人の運命から別の一結論を引き出していた。すなわちＸ夫人の急な罹病と早世とを、この夫人の浮気な生涯に対する運命の罰だと解釈していた（しかし患者はＸ夫人の浮気な生活を――むろんはっきりと意識してではないが――羨んでいたのだ）。Ｘ夫人が亡くなった時、彼女はそれ見たことかと思った。しかしその気持の裏には、「人間的な、あまりにも人間的な」他人の失敗を見て悦ぶ心が隠れていたのである。その罰として彼女は事あるごとにX夫人の例を念頭に浮べて、絶えず人生と自己の人間的発達とに向って行こうとせず、これを懼れて、自分を充分に満足させてくれない交友関係の苦しみを甘受していた。むろん彼女自身にこれらの全関連がはっきりとしていたわけではない。はっきりとしていたら、もっと別の生き方をしていただろう。この推定の正しさは提供された材料から容易に証明することが出来る。

同一化の問題はこれで終ってしまったわけではない。患者はのちになって、X夫人には相当の芸術的天分があり、この天分は夫人の夫が死んでからのちになって初めて伸ばされて、それがもとで上に書いた芸術家とも知り合うようになったということを指摘した。患者が芸術家から受けた印象がいかに大きく、妙に眩惑的であったかということを患者が語った事実を思い出すと、今書いた事実は同一化の本質的諸契機に属するように思われる。そのような眩惑というものは決して専ら一人物から発して他の一人物に及ぶものではない。それは関係の現象——眩惑された人物が眩惑されるだけの素質を予め持っていなければならないというかぎりでは二人の人物がそれに属するところの関係の一現象である。この素質はしかし彼女にとって無意識のものでなければならない。そうでなかったならば、眩惑的作用は生じなかっただろう。なぜなら眩惑とは、意識的な動機づけを欠く強迫的現象だから。すなわち眩惑は意志過程ではなく、無意識の中から出てきて、意識に強迫的に押し迫って行く一現象なのである。

そこで、患者はかの芸術家と同じような（無意識の）素質を持っていたにちがいないと推定しうる。従ってまた彼女は自己をひとりの男と同一化していたのである。さきの夢の分析に、「男性的なるもの」の暗示（足）のあったことを思い出そう。事実彼女は女友だちに対して男役を演じていた。彼女は女友だちとの関係でいつも音頭をとる積極的な側であって、女友だちを指揮し、時によると彼女自身しか望まないようなあることを、女友だちに強引にやらせることもあった。女友だちの方は非常に女性的で、外貌もそうであったのに、彼女ははっきりとした男性的タイプだった。声もまた彼女の方が大きく低かった。X夫人はきわめて女らしい女として描写されている。彼女の考えではやさしさと愛くるしさとにおいては女友だちとよく似ているという。このことはわれわれに新しい一局面を展望せしめる。患者は明かにX夫人に対してかの芸術家の役割を演じているのだ。しかもX夫人は患者の女友だちなのである。かくして無意識的に彼女のX夫人及びX夫人の恋人との同一化が完成する。こうして彼女は、自分の浮気の虫をひどく心配して一所懸命に抑えてきたにもかかわらず、結局は浮気の虫の命令に従っているわけであるが、しかし彼女は無意識にそうしているのではなく、この無意識的傾向によって踊らされている、すなわちそれに憑かれて、そのコンプレクスの無意識的代弁者となっているのである。

＊　芸術家との同一化の更に深い根拠は患者の若干の創造的才幹にあるという事実を私は看過している者ではない。

これでわれわれは蟹についてかなりの事柄を知ることが出来た。蟹は馴致されない一片のリビドの内的心理を含んでいる。無意識的同一化は患者をとかく引きずり込もうとする。同一化にそういう力があるのは、それが無意識であり、だからいかなる洞察、いかなる修正によっても攻撃されることがないからである。それ故、蟹は無意識的諸内容の象徴である。これらの諸内容は患者を何回でも女友だちへの関係の中へ連れ戻そうとする（蟹はうしろへ戻って歩く）。しかし女友だちへの関係は患者のノイローゼと同じ意味のものである。なぜならこの関係故に彼女は神経過敏になったのであった。

以上の部分は本来、厳密にいうと、まだ客観段階における分析に属していた。しかしわれわれは、今や一個の重要な探索的原理であることの判明した主観段階の適用によって、以上の知識を獲得するに至ったことを忘れてはならない。以上のようなことで大体実際的には満足出来るとして差支えあるまいと思うが、しかしここで理論の諸要求に応える必要がある。なぜならまだ患者の念頭に浮んだすべての思いつきが解釈されたわけではないのだから。それにまだ象徴撰択の意義も、充分に明かにされてはいない。

患者は、「蟹は水中に、小川の中に隠れていた、前にはその姿は見えなかった」といっているが、この言葉を今取り上げてみよう。患者はこれらの、たった今解明したような無意識的諸関係を以前には見ていなかった。それら諸関係は水中に姿を隠して横たわっていた。小川はしかし、彼女の渡渉を阻んだ障碍である。彼女を女友だちに縛りつけているところの、これらの無意識的諸関係こそ彼女の妨害となったのである。無意識が障碍だったのだ。水はだから無意識を、もっと適切にいえば「無意識でいること」、隠れていることを意味する。なぜなら蟹も無意識であり、しかし無意識の中に隠れ潜む力動的な内容であるから。

第七章　集合的無意識の神話類型

さてつぎの課題は、最初客観段階において捉えられた諸関係を、主観段階において検討するにある。この目的のためにわれわれはそれら諸関係を客観から解き放し、患者の主観的コンプレクスの象徴的描写と見なければならない。それ故X夫人を主観段階において解釈しようとすると、X夫人は患者の部分的な魂の人格化、あるいはある種の位相として把握しなければならぬ。するとX夫人は、患者がそうなりたいと思っていながら、しかもそうなる意志を持たぬ形象である。従ってX夫人は患者の性格の一面的な未来像を示している。不気味な芸術家というものはまずさし当っては、そして患者の中に眠っている無意識的な芸術的天分という契機が既にX夫人によって代表されているかぎりにおいては、主観段階に持ち来たすことは出来ない。かの芸術家は患者の中にある男性的なるものの形象だといってよかろう。この男性的なるものは意識的に実現されていず、だから無意識中にある。* 患者は事実この点で自分というものを欺いているから、これはある意味で真実である。すなわち患者は自分では自分が特にやさしく敏感で女性的だと思っている。男性的なところなど全然ないと思っている。だから私が最初彼女に向って、その男性的な面を注意した時には、彼女は不快に驚いた。しかし不気味なもの、眩惑的なものという契機は彼女の男性的特色に数え上げることは出来ない。それらの男性的諸特色にはこの契機は一見全然欠けている。しかしどこかに潜んでいるにちがいない。なぜならその感情を生み出したのは彼女自身なのだから。

＊ 女性におけるかかる男性的なるものを私はアニムスと名づけ、同様男性の中の女性的なるものをアニマと呼んだ。『自我と無意識との諸関係』一一七頁以下、及びエンマ・ユング『アニムス問題への一寄与』（『心理学論稿』第四巻、二九六頁以下）を参照。

そういう一部分が患者の中に直接発見出来ない場合、それは経験上いつも他の何物かに投影されている。しかし誰に投影されているのだろうか。芸術家にだろうか。かの芸術家は夙うの昔に彼女の視界から消え失せていたし、投影はいうまでもなく患者の無意識に根を下ろしているのだから、かの芸術家が投影を持ち去ってしまったということはありえない。のみならず彼女は彼に対してその眩惑的印象にもかかわらず何らの個人的関係をも持たなかった。彼は彼女にとってむしろ一個の空想像だった。いや、今問題になっているような投影はつねに顕在的、積極的なものである。あの一部分が投影されている人間が必ずどこかにいるにちがいない。そうでなかったならば彼女はその一部分を自己の内部に感じていただろうから。

こうしてわれわれは今再び客観段階に舞い戻った。なぜならそうする以外にわれわれはこの投影を発見しえぬからである。患者は私を除いては何か特別のものを意味しうるような男性を一人も識らなかった。私は彼女にとっては医師として重要な存在だった。それで恐らく彼女はその一部分を私の上に投影していたのだろう。私はしかしそういった気配を全く認めることが出来なかった。しかし巧妙な心の働きはそういうことを絶対に表面に出そうとはしない。それはいつも治療時間外に出てくるものなのだ。そこで私は慎重に訊ねてみた、「あなたが私のところにいらっしゃらない間、あなたは私をどんな風にごらんになっておいでですか、ひとつ言ってみて下さいませんか。今こうして向い合って坐っている私と同じですか」。彼女「先生のところにおりますと、私には先生がとてもいいお方のように思われます。しかし私が一人になったり、先生に暫くお目にかからなかったりしますと、先生の感じがよくとても変な工合に変ってしまいます。時にはひどく理想化されるかと思うと、またそうでないこともあるのです」。ここで彼女はつかえた。私は助け舟を出す、「なるほど、ではどんな風に変るのでしょうか」。彼女「時々とても剣呑で気味がわるい方のように思われるのです、怖ろしい魔法遣いだとか、悪い霊だとか。どうしてそんなことを考えるのか、私にはわからないのです。だって先生はそんなお方ではないのですから」。

なるほどあの一部分は転移として私に投影されていたのだ。だから彼女の心の中を覗いても見つからなかったわけだ。こうしてわれわれはもうひとつの本質的な一点をつきとめたわけだ。私かかの芸術家と同一化されていたのである。とすれば、彼女はその無意識の空想において私に対してはむろんX夫人なのである。私は彼女に向ってこの事実を、前に見出された諸材料（性的空想）によって容易に証明して見せることが出来た。しかしそうなると、ほかならぬこの私が、彼女の渡渉を妨げている蟹、障碍になるわけだ。もしわれわれがこの特殊ケースで客観段階にのみとどまっていたならば、以上の如き洞察はなかなか得られなかったことだろう。客観段階にのみとどまっていたならば、私が彼女に向って「私は決して不気味じゃない。怖ろしい魔法遣いなんかではない」といってきかせたところで、それが何の足しになっただろうか。そんなことをいったところで、患者は何とも感じないだろう。現にそんなことは、私同様患者は先刻承知しているのだから。そして投影は依然として存続し、私は実際に彼女の前進に対する障碍なのである。

多くの治療はこの点にさしかかって停滞してしまう。なぜならこんな場合には、医師自らが主観段階に自分を引き上げ、自分が一箇の像であることを承認しなければ、無意識のからみつきから脱出することは不可能だからである。ここにこそ最大の困難がある。医師はいうだろう、「これはあなたの無意識の中にあるあるものの像なのです」――すると患者はそれに対して、「何ですって、わたしが男なんですか、しかも気味のわるい、眩惑的な、意地悪の魔法遣い、悪霊なんですって。そんなばかばかしいことがあるでしょうか。――そんなことはとても承認出来ません〔承認は精神分析の特殊用語・訳者註〕。ナンセンスです。それより、それは先生のことだと思います」と答えるだろう。実際彼女のいっていることは正しいのだ。そういうものを彼女の人間の上に飜訳しようというのは不条理なのである。医者もむろんだが、彼女も自分を悪霊にしてしまうことは出来ない相談だ。彼女の眼がぎらりと光る。憎悪の色が面に浮び上る。これまで見たことのない、不可思議な反抗の気配が現れる。私は突然、始末のつかぬ誤解の可能性が出てきたことを見てとった。これは一体何だろう。欺かれた愛であろうか。彼女に対する侮辱であろうか、貶下であろうか。彼女の眼差しの中には、何か、猛獣めいた、本当に魔神的なあるものがうごめいていた。するとやっぱり、彼女は魔神なのか。あるいは私が猛獣、魔神であって、私の前には、私の怖ろしい魔法に対して絶望の動物的な力を揮って身を防ごうとしている、不安におびえた犠牲として彼女が坐っているのであろうか。いや、そういう風なこと一切はナンセンスにすぎまい、空想的な瞞着にすぎまい。私は彼女の何に触れてしまったのか。彼女の心の、どういう新しい絃が鳴り始めたのか。けれども、彼女がそういう眼つきをしたのは一瞬のことにすぎなかった。彼女の表情は再び冷静になり、ほっとしたような風で彼女はいった、「変ですわ——今先生は私のあるものにお触れになったような感じがしました。私は友だちとの関係で、そのあるものの上をどうやっても飛び越えることが出来なかったのです。何だか、ぞっとするような気持でした。とても不気味で、怖ろしくて、残酷な。どんなにその気持が不気味なものだったか、とても口で説明することなんか出来ません。そういう時、私に友だちを憎ませたのはこの気持なのです、むろんそんな風に友だちを憎んだりしないようにと思って私は一所懸命に抵抗するのですけれど」。

この言葉は、今起った事件に対して解明的な光りを投げてくれる。私は女友だちの位置にいたのだ。そして女友だちは克服されたのである。抑圧の氷は破られた。患者は、自分ではそれと知らずに、その存在の新しい段階に踏み入ったのである。今や私にはつぎのようなことがわかった。女友だちとの関係の中にあった一切の苦痛や悪意もまた私の上に落ちかかってくるだろう。むろん善いことも私の上に落ちかかってくる。しかし患者がそれをどうしても乗り越えられずにいるところの、神秘的な「あるもの」との最も烈しい戦いのうちに。つまり転移の新しい一段階が始まったのだ。しかしこの新段階は、私に投影されているところの「あるもの」が何であるかをまだはっきりと見抜かせてはくれない。

もし患者がこの転移形式のうちにとどまっていると、手に負えぬ色々の誤解が生じてくることは火を睹るよりも明かだ。なぜなら患者はこんどは私をその女友だちのように取扱うだろう。つまり例の「あるもの」は絶えず空中のどこかに漂っていて、誤解の種を蒔き続けるだろう。その結果、彼女は私の中に魔神を認めることになるだろう。なぜなら、彼女は自分をそういう魔神だとは認めがたいだろうから。こうして解け難い葛藤の数々が生ずる。そして解け難い葛藤というものは、最初まず生命の停滞を意味するのである。

あるいは次のような可能性もある。彼女はこの新しい困難に対して古い防禦手段を適用する。そしてこの暗い一点を飛び越えてしまう。そして意識的でいる代りに、また新たに抑圧する。だが意識的でいるということはわれわれの全方法の必然にして自明の要請なのである。しかし抑圧によって得られるものは何もない。逆に、今や「あるもの」は無意識の中から彼女を脅かす。これは前の結果よりもずっと不快な結果である。

　こういった承認不可能なものが頭を抬げてくる時にはつねに、そもそもそれは個人的な特性なのか、あるいはそうではないのかという点を明かにする必要がある。「魔法遣い」と「魔神」は、ひとがすぐそれとわかるように本来表現されているところの諸特性を現わしているものといっていいだろう。すなわちそれらは人間的・個人的特性ではなく、神話的特性なのだ。「魔法遣い」と「魔神」は、患者を襲った未知の「非人間的」な感情を表現するところの神話的人物形姿なのである。従ってこれらの諸属性は人間人格に適用されえない。尤もこれら諸特性は通例直覚的な、そして批判的に詳しくは吟味されていない判断として、つねに人間関係の大きな禍として、自分の周囲の人間たちの上に投影されるということはあるのである。

　かかる諸属性はつねに、超個人的乃至は集合的無意識の諸内容が投影されることを物語っている。なぜなら「魔神」は「悪い魔法遣い」同様、（むろん誰だって一度はこういうものについて聴いたり読んだりしたことはあるとはいえ）個人的記憶残滓ではない。響尾蛇の話を聞いたことがあるからといって、とかげや脚なしとかげのことを、響尾蛇を語る時と同じような感情の強さで、響尾蛇として表現することはあるまい。理由は簡単だ、とかげがさごそいったのに驚かされたからなのである。それと同じことで周囲の人間を、誰も魔神だなどとは呼びはしないだろう。尤も本当に一種の魔力がその人間に結びついているのならば話は別だが。しかし魔力が本当にその人間の人間性格の一部分であったならば、この魔力は到るところで発揮されるだろう。そうなればこの人間はまさに魔神なのだ、一種の人狼なのだ。しかし魔神だの人狼だのというものは神話、すなわち集合的な心でこそあれ、個人の心ではない。われわれが無意識によって歴史的集合的な心を分有しているかぎり、われわれは当然無意識的には人狼や魔神や魔法遣い等々の世界の中に棲んでいるわけだ。なぜならこれらは、過去のあらゆる時代を最も力強い効果で満たしてきたものなのであるから。それと同様われわれは神々や悪魔、救世主や極悪人をも分有している。しかしこれら無意識の中に存在する諸々の可能性を個人的に考えようとするのはナンセンスであろう。従って、個人に帰属せしむべきものと超個人的なものとを截然と区別することは絶対に必要である。そうだからといって集合的無意識の諸内容の、場合によればきわめて活溌な存在を否定したりするようなことがあってはならない。しかしそれらは集合的心の諸内容として個人的心と対立し、個人的心とは異なっているものなのである。原始的な素朴な人間においては、これらのものはむろん個人的意識から決して分離せしめられていなかった。なぜなら神々や魔神などは心的投影物として、従って無意識の諸内容として理解されてはいず、自明の現実として理解されていたからだ。啓蒙時代に至って初めて、神々はやはり実在せず、投影物であったことがわかってきた。こうして神々は片附けられてしまった。が、神々の存在を捉えるのに役立っていた心理的機能は決して片附けられてしまったわけではない。そうではなく、その機能は無意識の手中に帰してしまった。しかしそのために、以前は神々の像の崇拝のうちに費されていたリビドが使用されずに蓄積されることになって、人間自身は却って禍を招くに至った。宗教的機能の如き強烈な機能の貶下と抑圧とは、個々人の心理に著しい変化を齎すことは必至である。無意識はリビドの逆流のために異常に強大となり、その結果、無意識はその古代的（神話的）集合内容を以って意識に巨大な影響を及ぼし始めるのである。啓蒙時代は周知の如く残虐なるフランス革命を以って終った。現在もわれわれは再び集合的心の無意識的な破壊的な力の経験を出してきている。その結果は史上に類例を見ぬ大量殺戮であった。* かかるものこそ、無意識が求めていたその当ののにほかならないのである。無意識の勢力は、すべての非合理的なものを貶下し、それによって非合理的なるものの機能を無意識へと追放した近代生活の合理主義によって、前以って際限もなく強められていたのだ。だがこの機能がひとたび無意識の中に入ってしまうと、この機能は無意識から破壊的にとめどもなくはたらきかけてくる。それは丁度、病巣が眼に見えぬために、これを取り除くことの出来ぬ不治の病の如きものである。なぜなら、そうなると個人も民族も強迫的に非合理的な生き方をしなければならなくなり、その上まだその最高の理想主義とその最も貴重な分別とを、非合理的なものの馬鹿々々しさを出来るだけ完全にするために使用せざるをえなくなるのである。その小規模な場合がわれわれの患者であって、彼女は彼女にとって非合理的に見えた生活可能性（X夫人）を避けて、結局は女友だちへの関係においてその非合理的な生活可能性を実現してしまうのである。

* ここは一九一六年に書かれた。これが今日もなお真実であることは断る必要がなかろう。

非合理的なものを、つねに存在するが故に必然的な一心的機能として承認し、その諸内容を具体的現実性としてではなしに（そう見てしまったら、それは逆行であろう）、心的現実性（現実性といったのは、それらははたらきを及ぼす事物、つまり現実性だからである〔「はたらきを及ぼす」はドイツ語で wirksam であり、現実性は Wirklichkeit で、両語は wirk という語幹を共にする同一系統語である・訳者註〕）として受取る以外の可能性はそもそも存在しないのである。集合的無意識は、多くの経験の沈澱として、同時に経験のア・プリオーリとして、幾千万年に亘って形成されてきた一世界像である。この像の中には、時の流れに従って形成されてきた若干の特徴、いわゆる神話類型乃至は支配者がある。それらは支配するもの、神々、すなわち支配的法則や原理や形象形成系列における平均的法則性などの形象であって、それらの形象を人間の心は繰り返しくりかえし新たに賦活する。* これらの形象が心的諸事象の相対的に忠実な模写であるかぎりにおいて、その神話類型、すなわち同種の経験の蓄積によって出来上った一般的根本特徴は、また若干の一般的自然的根本特徴に呼応する。それ故に神話類型的形象を直接に、直観概念として自然事象に飜訳することが可能である。たとえば原始の気息乃至は魂の材料であるところのエーテルがそれで、これは地球全体に関する諸見解のうちに現れているし、またたとえばエネルギー、魔力がそれであり、これも前者同様に一般的に行き渡っているところの考えである。

＊ 上に一寸いっておいたように、神話類型はなされた諸体験の結果及び沈澱と解釈される。しかし同様に神話類型はそういう体験を惹き起すところの、かの諸要素だとも考えられる。

神話類型は、その自然的事物との親縁性の故に多くの場合投影されて現れてくる。* しかも投影が無意識だと、その時々の周囲の人物たちにおいて、概して異常な蔑視あるいは過大評価として、又、あらゆる種類の誤解や争いや夢想や愚行として現れてくる。だから世間でこんな風にいうのである、「誰それは誰それを神様に祭り上げている」とか、「誰と誰とは、誰それにとっては猪だ」などと。そこからまた現代の神話形成が、すなわち途方もない噂や不信や偏見が生ずる。だからして神話類型は最大限の注意の払わるべき、作用するところの大きい、極度に重大な事柄なのである。無造作にこれを抑制弾圧したりすべきではない。神話類型は危険な伝染力を持っているのだから、慎重に考慮されるに値するものなのだ。多くの場合投影として登場するし、又、この投影はなんらかのひっかかりのあるところでないと決して起らないのであるから、この投影の評価と本質決定とは実は困難なのだ。だから誰かが自分の周囲の一人に悪魔を投影したとしたら、それはその周囲の人間が悪魔という形象の附著を可能にする何物かを持っているからなのだ。だからといって、その人がそれ故にいわば悪魔なのだというわけなのではない。逆にその人が特別に善い人間だということもありうる。しかし生憎と、投影する側の人間と馬が合わず、だからふたりの間には、「悪魔的な」(すなわち「仲を割く」)動きが起る。そうかといって投影者も悪魔である必要はない。しかし投影者も、同じように悪魔的なものを自分の内部に持ち、彼がそれを他者に投影したかぎりにおいては、今改めてまた自己内部のその悪魔的なものの上に倒れかかったのだということを承認しなくてはならないのである。といっても彼が「悪魔的」な人間だというのではない。彼が相手同様まっとうな、きちんとした人間でありうることはむろんである。こういう場合、悪魔が登場してきたということは、その二人が（現在並に近い将来に亙って）相容れない人間だということを意味する。だからこそ無意識がふたりを離ればなれにし、遠ざけてしまうのである。悪魔は神話類型・影の一変形である。影とは、人間の（意識によって）承認されていない暗い半面の危険な世界の謂である。

＊『現代の心的諸問題』一六九頁以下。

集合無意識的諸内容の投影に際して殆んどつねに出会うところの神話類型のひとつは、ひどく不気味な気持を起させる「魔法を遣う悪霊」である。その好例はマイリンクのゴレム、同じくマイリンクの『蝙蝠』中に出てくるティベットの魔法遣いである。後者は魔法によって世界大戦を惹き起したといわれる。むろんマイリンクは私から神話類型のことを聞き知ったのではない。私などとは無関係に自由に彼の無意識の中から、丁度私の患者がそれを私に投影したように、似たような感情に形象と言語とを賦与することによって作り上げたのであった。魔法遣いは『ツァラトゥストラ』の中にも出てくるし、『ファウスト』では魔法遣いが主人公そのものである。

魔性の者という形象は恐らく神の概念の、最も低い、最も古い段階のひとつなのだ。それは原始の民族魔術師乃至はメディツィンマン、魔力を具えた殊に有能な人間のタイプである。[*1] このタイプは、消極的な、恐らくはまた危険な様相を呈する場合にはしばしば肌の色の黒い者として、蒙古人的タイプのものとして登場する。またそれは時によると影そのものと区別することがきわめて困難になっている。しかし魔性が強調されればされるほど、それは影と区別されうる。このことは、それがまた老賢者というきわめて積極的な様相を持ちうるかぎりにおいては、決して些細なことではない。*2

*1 精霊と交渉し、魔力を駆使するメディツィンマンという観念は多くの未開人においてきわめて根ぶかいものであるから、未開人たちは動物の中にも「ドクター」が現れるとさえ考える。北カリフォルニアのアチューマヴィス人たちは普通の山犬とドクター山犬とを区別する。

*2 『エラノス年鑑』一九三四年、一九三五年版中の『集合的無意識の神話類型』参照。

神話類型の認識によってわれわれはかなり前進したことになる。周囲の人間の魔法的乃至は魔神的なはたらきは、不気味な感情が集合的無意識の本来の大きさに還元されることによって消滅してしまう。しかしそれに代ってわれわれは今や全く新しい課題の前に立つことになる。すなわち自我はこの心理的な非我とどのように折衝すべきかという問題がそれだ。神話類型の活動的存在を確認し、事態を自然の成り行きに任せておいていいのだろうか。

そんなことでは、分裂し放しの状態、個人的心と集合的心との間に乖離状態が作り出されるだけだろう。そうなると一方の側にわれわれは複雑な近代的な自我を持ち、他方の側に一種のニグロ文化、別言すれば原始状態を持つことになるだろう。そうなるとわれわれは現在現実に存在するところのもの、つまり黒い肌の野獣と、その上にかぶせられた文明という外皮とをばらばらにして眼前に突きつけられるということである。しかしかかる分離は直に、綜合と未発達のものの発達とを要求する。これら両部分は統一されねばならぬ。なぜならそうしないと、どうならざるをえないかは疑う余地のないことだからだ。すなわち原始人は不可避的に再び抑圧に陥るだろう。しかしこれは、まだ世間に通用するところの、従って生命を持った宗教が存立し、この宗教が充分に発達した象徴制度によって原始的人間を心ゆくまで表現してくれるような場合にのみ可能である。すなわちかかる宗教はその教義や儀式において、最古のものに糸を引くような考えや行為を所有しているのでなければならぬ。カトリック教がそれである。それがまたカトリック教の特別の長所であり、またその最大の危険である。

可能なる統一という新しい問題に取組む前に、われわれはまず、この議論の出発点となった女性患者の夢に戻ろう。われわれは以上の研究によってこの夢をかなりの程度に理解するに至った。しかもこの夢の本質的な部分が理解されるに至った。それはすなわち不安という一点である。この不安は集合的無意識の諸内容に対する原始的不安である。われわれの患者は、X夫人と自己を同一化し、それによって彼女が不気味な芸術家への関係をも持っていることを表現してみせたわけだ。そして医師たる私は芸術家と同一化された。更にこの私は、主観段階において把握されると、無意識の魔法遣いの形象であることも判明した。

これら一切はあの夢では蟹の象徴、あとしざりの象徴によって代表されていた。蟹は無意識の生ける内容である。この内容は客観段階における分析によっては決して尽くされることがなく、またその活動力を失わさせられることがない。しかしわれわれに成功したのは、神話的、集合的・心理的内容を意識の諸対象から引き離し、その内容を個人的な心の外部に心的現実として確立したことであった。われわれは認識行為によって、神話類型の現実を「確立する」のである。すなわちもっと正確にいうと、われわれは認識を根拠としてかかる諸内容の心的存在を仮定するのである。その際、肝腎なのは、問題は単に認識諸内容であるばかりでなく、意識の統制にただ特定の条件の下においてのみ服し、恐らくはその大部分が意識の統制を蒙らずにいるところの、超主観的な、きわめて自主的な心的組織でもあるということが明白に確認されていなければならぬ。

集合的無意識が無差別に個人的な心と一緒に結びつけられているかぎりは、いかなる進歩も望みがたい。夢の中のことでいえば、限界は越えられない。しかし患者が限界線を越えようとしてかかると、前には無意識だったものが生きて、彼女をつかみ、彼女をはなさない。夢と夢材料は集合的無意識を一面においては水の深みに隠れて生きている下等動物として特色づけ、他面においては、時期をのがさず手術したならば治ることもある危険な病気として特色づけている。この特色づけがどの程度に適切であるかはさきにわれわれの見た通りである。特に動物象徴は、既にいったように、人間以外のもの、すなわち超個人的なものを指向する。なぜなら集合的無意識の諸内容は、古代的な、特に人間的な機能方法の残滓物であるばかりでなく、特に人間的な存在の相対的に短い時期に較べて無限に永い間続いていたところの、人間の動物先祖の諸機能の残滓物でもあるのだから。こういう残滓物、あるいはゼモン[*1]の言葉でいえば印刻は、それが活動すると、発達の進行を停止させるばかりか、集合的無意識を活動せしめたエネルギー量が全部使い果たされてしまうまでは、進行を逆に後戻りに変えてしまうほどのものなのである。しかしエネルギーは、それが集合的無意識の意識的対置によって、ともどもに考慮されうるということによって再び利用可能になる。宗教はこのエネルギーの運行を、礼拝による神々との交通によって、具象主義的[*2]に作り出す。だがこういうやり方はわれわれの眼からすれば知性やその認識モラルにあまりにも矛盾する上に、歴史的にはこのやり方はキリスト教によってあまりにも徹底的に克服されているので、われわれがこの問題解決方法を模範的と見ることも、あるいはただ可能だと考えることも出来かねるほどである。これに反して無意識の諸形姿を、集合心理的現象乃至は機能として把握するならば、この仮定はわれわれの知的良心に少しも相反しない。この解決法は合理的に受諾しうる。これによってわれわれは、人類史の活動残滓と折衝する可能性をえたことになる。その折衝は例の限界線の踏み越えを可能にするから超越的機能という名称にふさわしいわけで、これは新しい立場への前進的発展ということと同義である。

＊1　H・ガンツはライプニッツに於ける無意識的なるものに関する哲学論文で、集合的無意識を説明するためにゼモンの印刻理論を持ち出している。私の「集合的無意識」なる概念はゼモンの系統発生的な記憶概念と全面的に一致するものではない。

＊2　具象主義的というのは、「客観的に現実的と考えられた」という意味である。

英雄神話との類縁性は誰の眼にも明かだろう。怪物と英雄との典型的闘争はよく川の岸で行われる（怪物とは無意識的内容である）。また河の岸辺で行われることが多い。ロングフェロウの『ハイアオーサ』で知られているインディアンの神話では殊にそうなっている。英雄は（たとえばヨナの如く）その死闘においていつも怪物に呑み込まれる。フロベニウスはこれを豊富な材料で示している。[*1] 怪物の腹中で英雄は怪物と彼なりのやり方でやり合う。一方その怪獣は英雄を腹中に懐いたまま東へ向って、日の出を待ちつつ泳いで行く。英雄は内臓の大切な一部分、怪物がそれによって命脈を保っていたような一部分、たとえば心臓などを切り取ってしまう（すなわち無意識がそれによって活動していた貴重なエネルギー）。こうして怪物が陸地に着いた時、英雄はこれを殺してしまう。英雄は今や超越的機能によって新たに生れ代って（フロベニウスのいわゆる夜間航海）進み出る。怪物が以前呑み込んでいた人々と一緒に出てくることもよくある。こうして以前の正常な状態が恢復し、今やエネルギーを奪われた無意識はもはや優勢な地歩を占めることがない。このように神話は非常に具象的に、われわれの女性患者をも悩ませた問題を描写している。[*2]

＊1　『太陽神時代』一九〇四年。

＊2　対立問題やその解決、無意識の神話的活動などに深い関心を持たれる読者には拙著『リビドの変様と象徴、思考の発達史への諸寄与』第三版、一九三八年、『心理学的タイプ』第四版、一九四二年、『エラノス年鑑』所載の『集合的無意識の神話類型』一九三四年、一九三五年をおすすめする。

さて私は、読者も気づいているだろうと思われる重要な一事実を取り上げねばならない。それはこの夢の中で、集合的無意識がネガティヴな角度の下に、何か危険で有害なものとして現れてくるという事実である。これは患者が充分に発達したというより、発達しすぎた空想生活を持っているところからきたのである（このことは彼女の文才と大いに関係があるとしてよかろう）。彼女は、あまりにも空想に耽るし、その空想生活はいずれにしろ病的症状である。そして彼女は現実生活を見すごしてしまう。神話が多すぎるということは彼女にとってまさに危険であろう。なぜかというと彼女の前にはまだ相当量の、これまで彼女によって生きられることのなかった外的生活が横たわっているからだ。彼女は、今既に立場の転換を敢行すべくまだあまりにも現実生活に馴染んでいないのだ。集合的無意識は彼女に襲いかかって、彼女を、まだ不充分にしか生きられていない現実からそむかせようとした。それ故、夢の真意に呼応して、彼女に対して集合的無意識は何か危険なものとして表現されねばならなかった。そうでないと彼女が、もしそうでなかったならばあまりにも気軽に現実生活の諸要求を避けて集合的無意識の中へ逃げ込んでしまいかねなかったからである。

夢の解釈に際して慎重に注意すべきは、その夢の中で色々な物や人がどういう工合に登場してくるかという点である。たとえば無意識を代表する蟹は、それがあとしざりし、その上、彼女を決定的な瞬間において捉えて離さぬというかぎりではネガティヴである。フロイトによって考え出された夢のメカニズム（移動とか逆転とかいうような）に惑わされて、一般にはこう信ぜられているようだ、すなわち夢の本音は夢の表構えの背後に隠れ潜んでいるのだから、夢の表構えに眼を奪われてはならぬ、と。これに対して、私は以前から別の立場を主張してきた、つまり、夢が若干の故意のごまかしをやるからといって、夢をその故を以って責める権利はわれわれにはないというのが私の見解である。自然はなるほど間々曖昧で不透明だが、人間のようにずるくはない。だからわれわれは、夢というものはまさにそのあるがままの姿が本来の姿なのであって、それ以上のものでもなければ、それ以下のものでもないと考えるべきである。* 夢があるものをネガティヴな角度で表現したからといって、実はそれによって何かポジティヴなものを現そうとしたのだなどと考えるいわれは全くないのだ。浅瀬の渡りにおける神話類型的危険は非常にはっきりとしたものであるから、あの夢は警告と受取られていい位のものであるけれども、私はそういった擬人的見解には与したくない。夢そのものは何事をも意図してはいないのだ。夢は自己自身を表現する一内容であり、糖尿病患者の血液中の糖分や、チフス患者の熱の如き単なる自然的事実にすぎぬのだ。ただわれわれが、幸いにして賢明で、自然の身振りを正しく解釈する術を心得ている時に、夢を一個の警告と見るだけの話である。

* 『心のエネルギー的構造』（一九二八年）中の『夢の心理学に対する一般的諸観点』を参照。この書の増補版は一九四八年に『心のエネルギー的構造と夢の本質』という標題で出版された。

しかし、何を警告しようというのか。危険は明かに、渡渉の瞬間に無意識が彼女を圧倒することがあるという点にある。しかし圧倒とはどういう意味か。無意識の噴出は、重大な変化や決定の瞬間に容易に起るものである。彼女が立っている川岸は、われわれも知っているような、これまでの彼女の状況である。この状況にあって、彼女は恰も突破しがたい障碍に突き当ってしまったかの如く神経症的な停頓状況に陥ってしまったのである。この障碍は夢では渡り越えがたい小川として表現されている。だからそう大したことではないように見える。ところが、小川の中には思いがけずも蟹が隠れ潜んでいた。この蟹こそ本来の危険だったのだ。そのためにこそ、小川は渡渉不能なのであった。というか、渡渉不能のように見えるのであった。もしそこに危険な蟹のいることが前もってわかっていたならば、ほかの場所を撰んで川を渡ろうとしたか、あるいはなんらかの手を打ちえたことだろう。当面の状況では、渡渉の成功ということが最も望ましいことであっただろう。渡渉はまず第一に、以前の状況を医師へ転移することを意味する。これは新事実である。不可測の無意識がなかったならば、これは決して特別の冒険などではなかったであろう。しかし転移によって、予見していなかった神話類型的形姿が活動を開始する懼れのあることはわれわれの見た通りである。「神々のことを忘れていた」ために、いわば見込み違いをやってしまったのだ。

われわれの女性患者は決して宗教的な性質の人間ではなく、「近代人」であった。昔教わった宗教のことは、忘れてしまっていた。そして、神々が介入してくる瞬間というものが存在する、あるいはむしろ大昔から、最も深いところへと下降して行くように組み立てられている状況があるということについては何も知らないのである。たとえば愛と、愛の情熱と危険などはこういう状況に属する。愛は心の予想もしなかった力を喚び起すことがある。そういう力のあることを前もって知っていられたなら、どんなによかっただろうかと、そんな風に考えられるような力だ。未知の危難と暴力の「慎重なる顧慮」としての「熟慮《レリギオ》」（「宗教」の古義）がここでは問題なのだ。単なる投影から愛はその全運命力を挙げて生れてくることがある。それは、彼女を眩惑的な錯覚を以ってその自然的生命過程から引きもぎってしまうようなあるものなのだ。われわれの女性患者を襲うであろうところのものは、善いものか、悪いものか、神か悪魔か。自らそれと意識することなく、彼女は自分が何者かの手に既に引き渡されてしまっていることを感ずる。そして彼女がこの複雑な状況によく堪えうるかどうか、誰も知ってはいないのである。それまで彼女はこの可能性を出来るだけ回避してきた。しかし今やこの可能性が彼女に襲いかかろうとしている。これはひとが回避すべきひとつの冒険だ。あるいは敢えて飛び込むならば、いわゆる「神頼み」あるいは幸先のいいことを「確信」する以外にはどうにも仕方がない。かくて計らざるに、意図せざるに、運命に対する宗教的態度がここに混入してくるのである。

　夢の中でそうなっているように、彼女はさし当り脚を慎重に引っ込めるよりほかにどうにも手の打ちようがない。なぜなら先へ進んで行くことは破局を齎すだろうから。彼女には神経症的状況をまだ棄て去ることが出来ないのだ。なぜなら夢はまだ彼女に、無意識の側からの救助への積極的な指示は全く与えていないからである。無意識の諸力はまだ不機嫌で、もっと沢山の仕事と、更に深い洞察とを彼女に期待していることは明かである。もっと仕事をし、もっと分別がついて初めて彼女は実際にあの限界線突破を敢行しうるのである。

ところで、私はこのネガティヴな一例のために読者に「無意識はいつの場合もネガティヴな役割しか演じない」という印象を与えたくない。だからある若い男性の夢を二つここに紹介して、無意識の他の一面、より善い一面を明かにしてみよう。対立問題の解決はただ非合理的な、無意識の寄与であるところの夢によって指示される途によってのみ可能であるだけに、一層これら二つの夢を紹介することは望ましいと考える。

最初少々この男性の紹介をしておこう。多少ともこの男性について知っておかないと、これから引用する夢の独特な情緒内容を理解することが困難になるからである。最も純粋な詩となっている、だからただ全体的な情緒からのみ理解しうるような夢がある。以下に挙げる夢を見た本人は、ひどく子供っぽく見える、二十歳を一寸出たばかりの男である。その外貌や物腰には少女めいた趣きさえ見られる。彼の物腰は非常に優れた教養と教育とを物語っている。彼は非常に知的な美的な関心を持ったインテリゲンチアである。特に美的なものに関心が深い。彼に良い趣味好尚と、芸術のあらゆる形式に対する繊細な理解力があることは一目ですぐにわかる。その感情生活は思春期的性格からくる繊細柔軟さを示しており、やや耽溺的であるが、女性的なものである。思春期によく見受けられる性的な逸脱の痕跡は全く見受けられない。疑いもなく、齢にくらべて彼はまだあまりにも子供っぽいのだ。だから明かにこれは発達の遅れたケースである。彼が私を訪れたのが同性愛のためだったということは、以上の諸事実と符合するわけだ。彼が初めて私のところへやってきた前の晩に、彼はこういう夢を見た。

《広い、神秘的な薄明りの漂う伽藍の中にいる。ルールドの伽藍らしい。中央に深い暗い泉がある。自分はその泉の中に下って行こうとしている》

この夢は明かに、部分々の相関連した情緒表現の夢である。本人の註釈はつぎの通りである。「ルールドは神秘的な霊場です。きのう私は勿論、こんなことを考えていました。あしたは先生のところへ伺って診ていただくのだ、そして治していただく。ルールドには、病気の治る泉があるということです。この水の中へ入るのは、恐らくあまり愉快なことではありますまい。しかし教会の中の泉は非常に深かったのです」。

さてこの夢は何を物語るか。一見非常に明瞭だ。私のところへくる前の日の気分を詩的に表現したものだといって片附けてしまえばそれでもいい位のものである。しかしそれで済ませてしまってはいけないのだ。なぜなら経験上、夢は外見とはちがって非常に深く意義深いものなのだから。この夢から察するに、彼はある詩的な気分の裡に私のところへやってきて、まるで神秘的な霊場の神々しい薄明りの中での神聖な礼拝的な儀式をでも執り行うようなつもりで私の治療を受けようとしているかのような有様である。ところが、これは実際の事情と全然合致しない。患者はただ単に、ある不愉快なこと（同性愛）のために診察をして貰いに私のところへやってきたのであった。詩的などというものではない。とにかくわれわれは前日の事実上の気分からは、もし夢の発生に対するそれほど直接の因果性を仮定して差支えないとしたら、なぜ彼がこれほど詩的な夢を見ることになったかを説明することは出来ない。しかし恐らく、患者をして私のところへ診察を受けにやってこさせたところの、ひどく非文学的な事柄の印象こそ、夢のきっかけであったと見て差支えないだろう。たとえば、こう仮定してみることも出来る、患者は前日の非文学的気分のためにこそ特に詩的な夢を見たのだ、と。いってみれば日中絶食した人が、夜素晴らしい御馳走の夢を見るようなものである。夢の中に、治療、治癒、不快な手続などの観念が、詩的に浄化されて、というのは患者のきわめて美的な、情意的な欲求にぴたりと迎合するような形で、再び現れてきたということは否定出来ない。泉は暗く、深く、水は冷たいにもかかわらず、彼はそういう魅力的な場面には惹き寄せられずにはいられなかったであろう。この夢の気分の若干は眼が覚めてからも尾を曳いて、患者が不快で非文学的な義務に服さねばならぬ当日の朝までも残っていた。恐らく灰色の現実は、夢の情緒の軽やかな黄金色の輝きを与えられていたのだろう。

さてそれが果してこの夢の目的だったのだろうか。ありそうなことだ。なぜなら私の経験からすると、大抵の夢は補償的性質を持っている。* 夢は心の平衡状態を維持するために、その時々の別の面を強調する。しかし気分の補償が夢の形象の唯一無二の目的なのではない。夢の中には観念修正も含まれているのだ。患者は彼がこれから受けようとする診療について充分な観念を持っていなかった。しかし夢は彼に、詩的比喩によって目前の診療の本質を描き現す一つの形象を与えている。これは、われわれが伽藍《ドーム》の像に対して彼が与えた註釈や思いつきを更に追って行くとただちにはっきりとする。

＊　補償の概念はすでにアルフレート・アードラーによって充分に利用されている。

「『ドーム』というと、私はケルンのドームを思い出します。私はもっと小さかった頃から、このケルンのドームのことをよく考えたものでした。ケルンのドームについては最初母親が話してきかせてくれたということを記憶しています。どこかの村の教会を見ると、私はひとに、これがケルンのドームかと訊いたということも憶えています。私はそういうドームに起居する坊さんになりたいと考えていました」。

患者はこの思いつきの中でひとつの非常に重大な幼児体験を物語っている。殆んどこの種のケースのすべてにおけるが如く、この患者においても母親との特に緊密な結合が見られる。といってもそれを、殊に良好な、あるいは強烈な、意識的関係と解すべきではなく、意識面では恐らくただ性格発展の遅滞のうちに、すなわち相対的幼児主義のうちに現れているような、密やかな、地下的結合関係の如きあるものと解すべきである。むろん人格発展は、かかる無意識的、幼児的結合状態からの離脱を予想する。なぜなら無意識的な——心的に胎生的、といってもいいだろう——状態の中に停滞していることほど、性格発展の障碍となるものはないからだ。だから本能は、折あらば他の対象を母親の代りに置き据えようとして身構えているのである。この対象はある意味で母親に類縁性を持っていなければならない。そうでなければ、それが母親を代理することは出来ないのだから。われわれの年若い患者の場合はまさしくこれだった。彼の幼児的空想がケルンのドームの象徴をつかんだ強さは、母親の代用品を見出そうとする強烈な無意識的欲求を物語るものである。この無意識的欲求は、幼児的なリビド附着がその人間にとって害になりかねない場合にはさらに高められる。この患者の場合、彼の幼児空想が教会（ドーム）の観念に取り縋った際の狂熱主義はそう解釈して初めて納得が行くわけである。なぜなら教会は完全な意味において、又、あらゆる意義において母親である。「母なる」教会というばかりでなく、教会の懐ともいう。「泉の祝福」の儀式では洗礼盤は「神の泉の汚れなき子宮」と呼ばれる。誰かがこの意義を意識しているにちがいないと考えられないこともない。そうでなければこの意義が空想裡に活動することはないからだし、又、無知な子供はこれらの意義を悟ることは不可能だと考えられないこともない。しかしかかる類似性は意識を通過してではなしに、全く別の途を通ってはたらきを及ぼすのである。

すなわち教会は両親への、単に自然的な、いわば「肉体的な」愛情的結合のより高い精神的な代用品となっている。教会はかくして個々人を無意識的、自然的関係から解き放つ。この関係は、厳密にいうと関係というべきものではなくして、原始の無意識的同一性の一状態であり、この状態はその無意識性の故に、あらゆる精神的発達に最も強い抵抗を行うところの、非常に怠惰なものである。又、かかる状態においては人間の魂が動物の魂と相異なる所以のものはどこにあるのかをいうことも殆んど不可能なのだ。原始的な動物に近い状態から個人を解放することを目ざし、それを可能にするということは、決してキリスト教教会の特権であることはなく、恐らくは人類とともに古いところの、本能的努力の、近代的な、殊に西欧的な形式なのである。それは、いわばすべてのやや発達した、まだ衰微ということを知らぬ未開人たちにおいて種々雑多な形式において証明されるところの一努力である。元服の儀式の意味はこれなのだ。思春期がくると、若者は男だけが住む家や、その他の入門伝授を執り行う場所へ連れ去られて、家族との接触を厳重に禁ぜられる。同時に、若者は宗教上の秘儀を授けられ、こうして彼は、全く新しい関係の中へ入り込むばかりでなく、更生した変化した人格として、「いわば新たに生れたる者」として新しい世界の中へ置かれるのである。時によると元服の式はよくさまざまの拷問を伴うことがあり、割礼やそれに似たことを伴うことも珍らしくはない。これらの風習は疑いもなく非常に古いものなのだ。これらの風習は殆んど本能的なメカニズムとなっているから、それらはまた、外的強制がなくとも繰り返しくりかえし自ら行われる、丁度ドイツの大学の「新入生歓迎」や、ドイツの大学のそれを上廻るアメリカの学生組合の色々な風習におけるが如く。それらの風習は、原像といして無意識に刻み込まれているのである。

母親が幼児に向ってケルンのドームのことを話してやった時に、幼児の中にまどろんでいたこの原像が揺り動かされ、生命へと目覚ましめられたのである。しかし子供の周囲には僧侶がいなかった。そこには、覚醒せしめられたものを更に伸ばしてくれる僧侶の教育が与えられてはいなかった。子供は母親の手に委ねられていた。しかし自分を導いてくれる男性への憧れが子供のうちに大きくなって行ったらしい。それは同性愛的愛着の形式を採ったのである。この同性愛的愛着というような変則的な発達が生じたのは、成年男子が子供の幼い空想を更に発達せしめてやらなかったためであろう。いずれにせよ同性愛への偏向は豊富な歴史的先例を持っている。他の未開人集団におけると同様、古代ギリシアにあっては同性愛と教育とはいわば合致した同一のものであった。この意味で青年時代の同性愛は、成年男子への、誤解された、しかし目的に適った欲求なのである。恐らくわれわれはこういうことも出来るだろう、母親コンプレクスに根ざす近親相姦不安はすべての女性一般の上にも及ぼされて行く、と。しかし私は未成年の若い男性が女性に対して不安を感ずるというのは尤もなことだと考える。なぜなら女性に対する彼の諸関係は概してよじれ曲っているからである。

上記の夢の意味からいうと、精神治療を受け始めるということは、患者にとってその同性愛の克服、すなわち成人世界への仲間入りということを意味する。われわれがここで苦心して、廻りくどい議論を重ねてでなければ完全に把握しえないでいるところのものを、この夢は僅かばかりの見事な比喩のうちに圧縮して、学問的論文などとは比較にならぬほどに強く、空想、感情、悟性にはたらきかける一個の形象を創り出している。こうして、医学的、教育的な文句をどれほど沢山積み重ねて行われるのよりもずっと巧みに意味深く、精神治療を受ける用意がなされたのだ(この理由から私は貴重な指導源としてのみならず、またきわめて有効な教育手段としてこの夢を高く評価したい)。

次に第二の夢であるが、さきにいっておかなければならないのは、最初の治療時に私は上記の夢を全然採り上げなかったということである。患者はこの夢のことはおくびにも出さなかった。そのほか、この夢に一寸でも関係するような言葉は一語も患者の口から出されなかった。第二の夢はこうである。

《大きなゴシック式のドームの中にいる。祭壇にはひとりの僧が立っている。私は友人と一緒にこの僧の前に立ち、手には小さな日本製の象牙細工を持っている。この象牙細工に洗礼を受けさせるのだというような気持がする。突然年配の婦人がやってきて、友人が指に嵌めていた大学生組合の指輪を抜き取って、自分の指に嵌めた。友人は、そんなことをされては自分の身が縛られてしまうのではないかと不安を覚える。しかしその瞬間、不思議なオルガン音楽の調べが鳴り響いてくる》

ここではただ手短かに、前日の夢の続きや、補いとなっているような諸点について述べておく。第二の夢が第一の夢につらなるものであることは明々白々だ。患者はまたしても教会の内部に、すなわち元服時の状態にいる。しかしある新しいものが加わっている。それは僧侶だ。われわれは既に以前の状況にはこの僧侶が欠けていたことを上に指摘しておいた。だからこの夢は、患者の同性愛の無意識的意味が充足されて、今や新しい発達段階が始まりうるということを証明している。今や本当の元服の儀式が執行されうるのだ。それがすなわち洗礼である。夢の象徴中には私がさきにいっておいたことが実証されている。すなわちこういう教導と心の改造とを遂行するのはキリスト教の特権ではなく、その背後には、場合によればかかる変様を強制しうるところの、原始の、生ける形象が存在しているということがそれである。

夢の中で洗礼を受けることになっているものは日本出来の象牙細工である。これについて患者はこういっている、「小さな、おどけた男の彫りもので、私には男子性器を連想させるのです。これが（男子性器）洗礼を受けるというのは、いずれにしろ変なことです。しかしユダヤ人たちの間では割礼は一種の洗礼なのですが、恐らくこれは私の同性愛に関係していることなのでしょう。なぜかというと、私と一緒に祭壇の前に立っている友人は、私が同性愛の関係を結んでいる当の男なのですから。大学生組合の指輪は明かにわれわれふたりの結びつきを現しているのです」。

日常生活で指輪が（たとえば、結婚指輪）結合乃至は関係のしるしという意味を持っていることは周知の如くである。患者がその友人と一緒に出てくるという事実が同性愛関係を意味するであろうと同様に、この組合指輪をこの場合は同性愛関係の比喩として考えて、一向に差支えない。ところが取り除かるべき障碍はほかならぬ同性愛関係なのである。この相対的にいって幼児的な状態から、患者はいわば割礼の儀式によって、僧侶の援助の下に、成人の状態へと導き入れられねばならない。これらの思想は、第一の夢に対して与えた私の解釈に吻合する。そのかぎりでは、患者の発達は神話類型的諸観念の援助下に論理的且つ有意義に続けられて行っただろうが、その時ある妨害のようなものが現れるのだ。年配の婦人がいきなり組合指輪を取り上げてしまう。

別の言葉でいうと、年配の婦人は、それまで同性愛関係であったところのものを、自分の方へ引き受けてしまうのだ。これを見て患者は、新しい面倒な関係の中へ陥りはしないかと心配し出す。指輪は今や婦人の指にあるのだから。これは一種の結婚状態が成立したことを意味するだろう。つまり同性愛関係が異性愛関係へと移行したことになる。しかしそれは風変りな異性愛関係だ。何しろその相手たるや、もう齢のいった婦人なのだから。「その人は私の母の友人なのです。私はその人がとても好きなのです。私にとっては母親のような気がする人なのです」と患者はいうのである。

この陳述から次のような夢の意味がわかる。すなわち元服によって同性愛的結合は破られ、その代りに異性愛的関係が生ずる。それは差し当っては母親に似た一夫人へのプラトニックな友情である。だからこの婦人は、母親に似ているとはいえ、もはや母親その人ではない。だからその婦人への関係は、母親を越える一前進を意味し、従って思春期の同性愛の部分的克服を意味する。

新しい結合に対して不安を覚えるということの説明は容易につく。第一にそれは、母親に似ているということに対する不安である。――つまり同性愛関係は解消したものの、そのために又しても昔の母親へと舞い戻って行くということもありうるのだから。第二にそれは、たとえば結婚のような色々な義務づけを伴ったところの、成人の異性愛的状態という未知の新しいものに対する不安である。しかしそれが後退ではなく前進だということは、最後に響いてくる音楽によって証明されているように見える。患者は音楽好きで、殊に荘厳なオルガン曲を好んでいる。それ故患者にとって音楽はきわめてポジティヴな感情を意味し、だからこの場合は夢の和解的な結末を意味する。この結末はまた、翌朝に美しい清らかな感情を残すのに大いに役立ったわけである。

患者はこの瞬間まではただ一回の診察時間だけで私に会っているにすぎないという事実を念頭に置くと（その際患者の一般的病歴以外の事柄は殆んど話し合われなかった）、私が以上二つの夢は驚くべき見越しであるといっても決して不当ではなかろう。これらの夢は一面において患者の状況をきわめて独特な、意識にとっては異様な光を以って照らし出し、この光はしかし他面において平凡な医師的状況に一つの展望を与える。この展望は患者の精神的特殊性にぴたりと焦点が合わされており、それ故に患者の美的、知的、宗教的関心を緊張せしめることが出来る。これによって治療上最も望ましい諸前提が創り出されたことになる。われわれはこの夢の意義について殆んどこういう印象を受ける、つまり患者は自分の幼児性を放棄し、成人になろうとしてはっきりと心を固めて、悦び勇んで私の治療を受けにきたというような印象を受けるのである。ところが現実は決してそんなものではなかった。患者の意識面は躊躇と抵抗に満ちみちていた。少々治療が進行してからも、彼はつねに反抗的で扱いにくく、ともすれば以前の幼児性へと逆戻りしそうな気配を示し続けていた。それ故、二つの夢は患者の意識的態度ときわめて鋭く対立しているのである。夢は前進的な線上を動いて行き、教育者の役割を演じている。夢はその独自の機能をはっきりと認識せしめている。私はこの機能を補償と呼んできた。無意識の前進性は、意識の後退性と一個の対立関係を形成し、この対立関係はいわばバランスを保っている。教育者のはたらきかけは秤の指針である。
この青年の場合、集合的無意識の諸形象はきわめて積極的な役割を演じている。このことは彼が明かに、現実を空想で代理させ、現実に生きる代りに空想の中に生きるという危険な傾向を持っていないというところから来ているのである。無意識的形象のはたらきには何か運命的なものがある。恐らく——何ともいえないけれども——これら永遠の諸形象こそ、ひとが運命と名づけているところのものなのだろう。

神話類型はいうまでもなくいついかなる場所でも活動を続けているのだが、実際の診療上では、殊に患者の年齢が若い場合は、神話類型について患者に詳しく納得させることは必ずしも必要ではないのだ。これに反して人生の正午から午後にかけては、集合的無意識の諸形象に特別の注意を払うことが必要である。なぜなら人生の正午を通りすぎた人にとって、神話類型（集合的無意識の諸形象）は対立問題解決のヒントの得られる泉なのであるから。これらの形象を意識的に整理する時に、神話類型に媒介された、諸対立を統合するところの把握形成としての超越的機能が生ずる。この「把握」とは単に知的理解を指すばかりではなく、体験による理解を意味する。神話類型は既にいったように力動的形象であり、客観的な心の一片であり、ひとはこれを自律的対立物として体験する時にのみ正しく理解しうるのである。

長期間に亙ることもあるこの過程を一般的に描写するということは、（かりにそういう描写が可能だとしても）個人々々において実に種々雑多な形式を採るものだから、無意味である。たった一つ、そこに看取される共通点は、一定の神話類型の出現である。ここでは殊に、影、動物、老賢者、アニマ、母、アニムス、子供などの神話類型を、その他色々の状況を表現する無数の神話類型とともに述べておくにとどめる。発達過程の目標乃至は諸目標を表現する神話類型は特殊な地位を占めている。この点に関しては拙著『個別化過程の夢象徴』*及び『心理学と宗教』、私とリヒアルト・ヴィルヘルムとの共著『黄金の花の秘密』（第二版、一九三八年）を参照されたい。

＊『心理学と錬金術』一九四二年。『心理学論稿』第五巻収載。

超越的機能は目標もなしにはたらき出すものではなく、人間本然の姿を開示してくれるものである。超越的機能はまず第一に単なる自然過程であり、場合によればわれわれが知らないうちに、われわれが手を下さなくとも、それどころか個人の抵抗を排除して強引に活動し始めることもある。この過程の意味と目標とは本来胎児的萌芽状態にある人格を、その一切の様相とともに実現することにある。それは本源的な潜在的な全体性の形成であり展開である。その際無意識が利用する象徴は、人類が太古以来全体性や完全性や完成を表現するのに使用してきたところの象徴である。それは概して四という数の象徴、及び円の象徴である。私はこれらの理由からこの過程を個別化過程と名づけてきた。

個別化の自然過程は私にとっては治療方法のモデルとも基準ともなった。神経症的意識状況の無意識的補償作用は、もしそれらが意識され、すなわち理解され、心的現実として意識に配属せしめられたならば、意識の一面性を有効且つ健全に修正しうるような一切の要素を含んでいる。ごくまれには強い力を持った夢が夢みられて、そのショックによって意識が鞍から振り落されることがあるが、大抵の場合、夢は意識に徹底的な作用を及ぼすべく余りに弱く、余りに不可解なものであり、従って無意識の補償作用は直接の効果を現すことなく行われる。それにもかかわらずそこにはひとつの作用が存在する。ただこの作用は間接的である。しかしその間接的作用は、無意識の反論をいつも無視し続ける場合、それは意識の意図を結局は不断に妨害するような症状や状況を作り出すという形を採って現れてくる。だから精神診療は夢やその他無意識の現れを出来るかぎり理解し、粗末にしないように苦心する。それは一面、時が経つにつれて危険なものになって行くところの無意識の反論を妨害し、他面においては補償という有難い要因を出来るだけ利用しようがためである。

かかる操作はいうまでもなく、人間は自己の全体をわがものにすることが出来る、つまり人間は健康になる能力を持っているという前提の上に立っている。私がこの前提のことをいい出したのは、もし何らかの理由から自己の全体性と衝突することになると、厳密にいうと完全に生きる能力を失いかねないで、あっという間に破滅してしまうような人たちがいることは疑いを容れないからなのだ。そうならずに永生きする人もいるが、その場合その人間は、社会的あるいは心的な寄生ということによって支えられて生きるところの、断片的人間あるいは部分人格たるにすぎないのである。そういう人間は、多くの場合他人を不幸にするところのはっきりとしたぺてん師であることが多く、彼らは綺麗な外観で彼らの有害な虚しさを覆い隠しているのである。そういう人間を、ここに論じたような方法で治そうとするのは無益の業である。その場合「役に立つ」のは仮面の保持あるのみだ。彼らにとって真理は堪えがたいか、あるいは役に立たないかの、どちらかだろうから。

ある患者が以上述べたような方法で診療されると、その患者の内部において主導権を握るのは無意識である。そして患者の意識は批判、撰択、決定の事に携る。治療が正しく進行して行くと、それは夢に反映してくる。正しい場合には進歩を物語る夢が見られる。そうでない場合には無意識の側から修正が加えられる。治療の過程は、だからして、無意識と絶えず話し合っているようなものなのだ。その際肝腎なのは夢の正しい判読だということは、上に述べたところから既に充分明かだろう。しかし正しい判読といっても、どうすれば「正しく」判読出来るのか。ざっとしたものでもいいから、何か判読の正しさを計る物差しのようなものはあるのだろうか。この問いは尤もである。そして有難いことにわれわれはこの問いに対する答えを用意している。間違っていたり、不完全だったりすると、それがつぎの夢にすぐ現れてくる。たとえば前の夢のある主題がもう一遍もっと明瞭な形で繰り返されたり、医師の解釈が患者の小馬鹿にしたような註解で全く無価値なものにされてしまったり、あるいはそれに対する直接の烈しい反論がなされたりする。どの解釈も的はずれだとなると、われわれの処置の一般的な無駄と無価値はたちまちにして治療の粗雑化、不毛性、無意味という形で現れてきて、患者も医師も退屈し切ってしまうか、あるいは疑惑に捉えられてにっちもさっちも行かなくなるかする。正しい判読が活気づくことによってねぎらわれるとすれば、間違った判読は停頓、抵抗、疑惑、なかんずく、患者と医師の双方の熱意喪失を結果する。むろん治療過程の停頓が患者の側の抵抗（たとえば意義を全く失ってしまった錯覚を頑なに固執するとか、幼児的欲求を固執するとかいうような）によって起ることもある。時にはまた医師の側にしかるべき理解力が欠けていることもある。私にもかつてそういう経験があった。その時の患者は非常に知的な女性だった。この患者は色々な理由から私にはどうも少々胡散臭く思われた。治療の滑り出しは好調だったが、私は次第に、彼女の夢に対する私の判読がどこか狂っているように感じ出した。しかし私は誤謬の生ずる源泉を突きとめることをしかねて、自分のそういう疑いを強いて抑えつけようとした。そのうち診療時間に、われわれの間の会話が次第々々に気のぬけたものになって行くことが認められてきた。と同時に次第に治療の退屈な無効果が感ぜられてきた。そこで、私は遂に決心して、つぎの診察時間に患者に向ってそのことをはっきりと話をしてみようと考えた（どうやらそういう成行きは患者にもわかっていたように思われた）。明日はまた患者がやってくるという前の日の夜、私はこんな夢を見た。

《夕陽に赤く染められた谷間の街道を、私は散歩している。右手の険しい丘の上に城が立っていて、その城の一番高い塔の上に、女がひとり欄干に腰をかけている。その女の姿をはっきり見ようとして、頭をあまりにもうしろへのけぞらせたので、頸部に痙攣感を覚えて眼が覚めた。夢

の中の女は私の患者だった》

この夢から私はこう結論した、私は夢の中であんなに上の方を見なければならなかったが、これは現実においては明かに、私の患者を見下しすぎていることに対する警告ではあるまいか、と。私が患者にこの夢と夢の解釈とを話してやると、事態はただちに一変して、治療は予想外にぐんぐん捗って行った。色々な目に遭った挙句の果てのこういう経験は、夢というものが補償の機能を持つという確信を不動のものにしてくれるのに大いに役立つのである。

最近二、三十年間の私の仕事や研究はすべて、こういう治療方法の豊富な問題群を取扱ってきた。しかし、私はこの小著では、複合心理学*（私は自分の理論的な試みをこういう名称で呼びたいのだが）について、ごく一般的な説明を試みようとしたのだから、専門化した自然科学的、哲学的、宗教的な複雑な諸問題を詳論することは度外視した。そういう方面については、私が本書中にこれまで挙げてきた文献を参照していただきたい。

* T・ヴォルフ『複合心理学の文化的意義』（一九三五年）中の『複合心理学の諸基礎入門』を参照。

第八章　無意識の把握、治療に関する一般的な事柄

無意識が、茶のみ話の話題になるような何か他愛もないものだなどと思ったら大間違いである。たしかに無意識はいついかなる場合も危険なものだとはいわないが、神経症が起っている場合、それは無意識の内部に異常なエネルギー集積が存在していることのひとつの証拠なのであり、エネルギー集積は一種の爆薬装塡で、これはいつ爆発するかわからない。だから慎重を期することが望ましい。夢を分析し始めると、それによって一体いかなるものが檻の外へ解放されることになるのか、問題はそこにある。それによって恐らく何か内奥の、眼に見えぬものが動き出すのである。それがどの途のちになれば外に出てくるようなものであることは、大いに考えられるが、しかしまたもし夢の分析などによってそれを突っつかなかったとしたら、決して外に出てこないようなものであるのかもしれない。いわば掘抜き井戸を掘り出したようなもので、火山に突き当る危険もあるのだ。ノイローゼの症状が存する時は、慎重な態度を採るようにしなければならな

い。だがノイローゼは必ずしも危険きわまりないものではない。それよりももっと剣呑なのはこういうケースだ、つまり一見全くまっとうな人間であって、そこに特別のノイローゼ的症状は全然見受けられない。それが医師や教育家である場合もある。彼らはむしろ、逆に自分たちがまともであることを鼻にかける。彼らは事実正しい教育の標本であり、その上ひどくまっとうな意見や生活習慣の持ち主なのだが、彼らのまともというものは実は潜在的な（隠れた）精神病の人工的補償なのである。御本人は自分がどんな状態にある人間であるかについては全然御存知ない。彼らが彼ら自身の状態に関してごくぼんやりと感知していることは、間接にただつぎのような事実の中に洩れ出てくる、つまりそういう人たちは心理学や精神病学に殊更に興味を持ち、まるで蛾が灯に吸い寄せられるように心理学や精神病学に惹きつけられるのである。ところで分析技術は無意識を積極的なものにし、無意識が外に姿を現すようにするから、分析は今述べたような場合にあっては、例の貴重な補償作用を破壊し、無意識は今やもはや鎮められない空想や、それに続く興奮状態の形で噴出してくる。そういう興奮状態は場合によると直接に精神病に変化して行くことがあり、あるいはまた精神病になる前に自殺へとひとを駆り立てることもある。こういう潜在的精神病は残念ながらあまり珍らしいものではないのである。

　無意識の分析に携る者は誰しも、経験が豊富で腕がたしかであっても、今述べたようなケースにぶつかる危険にさらされている。しかしまたやり方がまずかったり、間違った考え方をしたり、勝手な解釈をしたりするためにも、何も必ずしもそうわるい結果になる必要もなかったようなケースを救いようもないものにしてしまうこともある。尤もこれは何も無意識の分析に独特のものではなく、医師の不手際にはつきもののことである。分析は人を気違いにするという主張は、精神病医は精神病患者を相手にしているうちに必ず自分の気も狂ってくるという俗説同様に取るに足らないものである。

診療に伴う様々な危険を度外視しても、無意識はまた、本来危険なものとなりうるのであって、そういう危険の最も平凡な形式のひとつは災難の誘発である。不時の災難というものの大多数は（こういっても信じられないかも知れないが）、小さな災難、躓いて倒れることだとか、人にぶつかることだとか、指を火傷することだとか、そういう小さな災難から自動車事故や山の遭難事件に至るまで、すべて心理的に誘発されるものなのだ。一切は、心理的に惹起され、時によるとある災難が現実に突発するまでの間、幾週間も幾カ月も心理的に準備されているのである。私はこれまでこの種のケースを沢山調査してきた。そしてしばしば、その事件が起る何週間も以前に予め「自分の方から災難に遭いたいという気持」を物語るような夢を指摘することが出来た。いわゆる不注意から起る災難のすべてを綿密に調査してみると、そこに心理的根拠が存在することが判明する。何らかの理由で気分がまとまっていないと、大小の災難がふりかかってくるばかりか、心理的にしかるべき瞬間にはその人の生命をも奪いかねない危険な事件も起りうるということは人のよく知るところである。世間でよく「あの人が死んだのもやっぱりその時が来ていたのだ」などというが、これはその死亡ということの隠秘な心理的因果性に対するはっきりとした感情から出てきた文句なのである。肉体の病気も心理的に起ることがあり、また病気がいつまでも治らないのにも心理的な原因があることがある。心のはたらきに一寸狂いがあると、肉体がそのためにひどい病気に罹ることがあるし、逆に肉体の疾患が心に影響を及ぼすことが大いにあるのだ。なぜなら心と肉体とは、ばらばらの二つのものではなく、むしろ一つの同じ生命の両面なのだ。たとい心理的に起ったものでないにしても、心に至大の影響を及ぼさないような肉体の疾患は稀にしかないのである。

だが無意識の不都合な面ばかりを強調しては正しくあるまい。普通の多くの場合、無意識が不都合乃至は危険だと考えられるのは、われわれが無意識と一致しておらず、従って無意識に対立しているからであるにすぎない。無意識に対するネガティヴな態度、あるいは無意識の分裂は、無意識の動きが諸々の本能のエネルギーと同一のものであるという意味で不利なのである。* 無意識と結ばれ合っていないということは、「本能を持っていない」、「根を持っていない」というほどのことを意味する。

* 『心のエネルギー的構造』中の『本能と無意識』(一九二八年、一八五頁)参照。

私が超越的機能と呼んだものを作り出すことに成功すると、無意識との不和分裂の状態は消滅し、そうなるとわれわれは無意識の有利な面を享けたのしむことが出来る。つまりそうなると無意識は、恵み深い自然がいくらでも豊富に人間に与えうるところの一切の援助と励ましとをわれわれに与えてくれる。意識が知ることのない色々な可能性が無意識の中にあるということはいうまでもないことである。なぜなら無意識は、一切の識閾下の心的内容を、一切の忘れられたものや見落されたものを、その上更に、無意識の神話類型的組織中に沈澱しているところの、無窮の過去以来の経験の叡知を自由に使用するからである。

無意識は時を問うことなく活動していて、未来の使命に奉仕する様々な材料を色々に組み合わせる。無意識は（意識と同じように）識閾下の、将来の組合せを作り出す。ただそれらの組合せは、意識が作り出す組合せに比して、微妙度や適用度において遙かに勝っている。それ故に無意識は、もし人間が誘惑に堪えるならば、人間の比類なき指導者となりうるのである。

治療の実際的進路は、得られた治療上の成果によって決定される。治療上の成果はいわば治療の各段階毎に、疾患の軽重や持続期間とは全く無関係に現れてくるものである。逆に重患の治療は非常に永びいて、しかも一向にはかが行かず、またはかが行く必要もないということがある。ある程度の治療上の成果が挙がっても、患者自身の発達のためには更に何段階かの抑圧を経過するというような患者もかなり多い。だから、発達の全段階を通過しなければならないためには、その疾患がきわめて重大なものでなければならぬというようなものではない。しかしいずれにしたところが、元々天分と使命を持った人間だけが、というのはより高い分化への能力と衝動とを元々持ち合わせている人間だけが、より高度の意識化に成功するのである（より高い分化といっても、周知の如くそこには非常な相違があるわけだ。また以上のことは動物の世界でも同じであって、動物の種類の中にも、退嬰的な種類もあれば、進化的な種類もある)。自然は貴族主義的である。しかしそれは、自然が分化進歩の可能性をただ高級な種属にのみ保留しているという意味ではない。心的な発展可能性とても同じことであって、そういう可能性は特に天分のある人間にのみ保留されているのではない。換言すると、人間が大きく伸びて行くためには、特別の知性も必要としなければ、またそのほかの才能も必要としない(知性が遅れているような場合には、道徳的諸特性が補償的に活動することがある)。しかし治療とは相手に一般的な公式や複雑な理論を教え込むことだなどと信じてはならない。飛んでもない話だ。誰でもその人の流儀に従って、またその人の理解力の範囲内で、自分に必要なものを手に入れることが出来るのである。私がこの本の中に書いたことは、私が実際に行ってきたことをやや理論的にまとめてみたまでのことで、残念ながら実際の診療で話し合われることとなのではない。本書のところどころに挿入しておいた小さな症例によって、実際の診療のおおよそを読者は察知されることとだろうと思う。

もし読者が本書をここまで読んでこられて、近代の医学的心理学の理論と実際とについてはっきりとした観念をえたようには感じられないと思われたとしても、私はそれを格別怪しむ気にはならない。むしろそれは私の不完全な叙述力からきたものだとしたい。医学的心理学の対象であるところの思考と体験の、見渡しがたい総体を具体的にはっきりと描き出すことは私の手に負えない仕事なのである。夢判断の如きも、文字に書いてしまえば、恐らくは行き当りばったりの、曖昧な、わざとらしいものに見えるだろうが、実際になるとそれは比類ない現実味を持った一小ドラマなのである。ひとつの夢と、その夢の判読とを体験するのと、その文字による生ぬるい写しを読むのとでは、そこに雲泥の相違があるのだ。厳密にいうと、この心理学では一切が体験なのであって、その理論さえも、それが最も抽象的な行き方をする時といえども体験されたものから直接に出てきているのである。たとえば私はフロイトの性理論が一面的だといって非難するが、それは何も彼の理論が根のない思弁の上に立つものだというのではないのであって、逆にフロイトの理論は観察の実践において押し迫ってくる現実の諸事情の忠実な模写なのだ。そしてそういう現実から抽き出されてきた結論が一面的な理論へと発展して行ったというのも、そういう具体的諸事情が（客観的にも主観的にも）どれほどの説得力を以って迫ってきたかということを物語るにすぎないのである。自己の最も深刻な印象と、その印象の抽象的表現を乗り越えて行くということを個々の研究者に望むのは無理である。なぜなら印象の獲得と印象の理論的整理とは、それだけですでに一生涯を費すに足る仕事なのだから。フロイトやアードラーに較べて私が大いに得をしていた点は、私が神経症心理学とその一面性の内部に育った人間ではなく、ニーチェによって近代的心理学を受け入れる準備をされて、精神病学からこの途に入り、フロイトの見解と相並んで、アードラーの見解が成立して行くさまを眼前に見ることが出来たということである。そのために私はいわば最初から葛藤の中に立たされて、既成の諸見解のみならず私自身の見解をも相対的なものと見る、すなわちある種の心理的タイプの発言として見ることを余儀なくされたのであった。フロイトにとっては既に述べたブロイアーのケースが決定的であったように、私の諸見解の根柢にもひとつの決定的な体験が横たわっている。私は臨床のコースで比較的長期間に亙って、ひとりの少女の夢遊病のケースを観察した。このケースは私の学位論文のテーマとなった。*私の学問上の仕事を知っていてくれる人にとっては、四十年も以前に書かれた学位論文を私の後年の考えと比較してみることは興味がなくもなかろうと思う。

* 『いわゆる心霊的諸現象の心理学と論理学』一九〇二年。

この領域での仕事はパイオニアの仕事である。私はしばしば迷った。そして幾度か初めから考え直してみなければならなかった。しかし私は、ただ夜の中からのみ昼が生れてくるように、真理もまた誤謬の中から生れてくるということを知っているし、だからこそ自分の誤謬を意に介することなく進んできたのである。私は、グリエルモ・フェレーロの「学者の悲惨な虚栄心」*という言葉を自戒の言葉とし、それ故誤謬を懼れもしなければ、また本気になって後悔しもしなかった。なぜなら学問研究活動は私にとって絶対に乳牛や手品などではなく、病人相手の毎日々々の心理学的経験によって強制されたところの、時には苦しい折衝であった。この理由からして、私が提出しているものの何から何までがただ頭で書いたものばかりなのではなくて、その中の若干は私の心臓で書いたものなのだということが出来る。これは親愛なる読者が、本書の論理の筋を辿って行く間に、若干の、時には充分に筆の尽されていない断面に突き当る際に恐らくは見落されない点であろうと思う。流暢な叙述は、もうわかっている事柄について書かれる場合にのみ期待しうることである。しかし援助と治療の必然性に駆り立てられて、何とか打開の途を発見しようとする時には、実はまだわかっていないような事柄についても語らざるをえないのである。

＊『象徴主義の心理学的法則』一八九五年、八頁。「故に科学者の道義的義務は、科学を不断に進歩せしむるために誤診を犯すことを懼れず、批判の的となることを甘じて受くるということにある。——相当の真率且つ冷静な精神を具えた人々は、己の述ぶるところが絶対且つ永遠の真理の表現であると信ぜず、科学の真理を、憐れむべき虚栄心、及び学徒としての自恃の上に置く方法を心得ているものである」。

結語

最後に私は、このような限られた紙数に、これほど多くの難解な新奇な事柄を敢えて盛り込もうと企てたことに対して読者のお赦しを願わねばならぬ。私はこの小著を敢えて読者の批判的判断の前に置こう。それは私が、ひとり離れて自分だけの途を行く者が、その探険旅行の途すがらに見つけ出したものを世間に報告するのは、そういう人間の義務だと考えるからである。それが渇きを鎮める冷たい水であるか、あるいは不毛の誤謬という沙漠であるか、それはわからないのだが、冷たい水は人を救うが、沙漠は人に敬遠される。しかし一人々々の同時代人の批判ではなくて、来るべき将来の時代が、新たに発見されたものの真理と誤謬とを決定するであろう。今日ではまだ真理でなく、恐らくまだ真理であることを許されないが、しかし明日には真理であるような、そういう事柄があるのだ。だからそれが運命となっているような者は誰でも、ただ漠然たる希望に導かれて、孤独と、孤独の深淵が孕む危険とを意識する人間の開かれたる眼を以って、自分だけの途を辿らねばならぬのである。ここに叙述した途がきわめて独特なものであることの理由の大半は、われわれが現実生活に発して現実生活にはたらきかける心理学にあっては、もはや主知的・科学的立場に頼っていることが出来ず、感情の立場をも、だから従ってありのままの魂が含んでいる一切のものをも考慮に入れざるをえないという事情に存するのである。この実際的な心理学においては、何か一般的な人の魂というようなものが問題ではなくて、人間に直接に押し迫ってくる種々雑多な問題を持った個々の人間が問題になっているわけである。知性のみを満足せしめる心理学は絶対に実際的ではない。なぜならば知性のみを以ってしては、魂の全貌というものは絶対に捉えられることがないからである。われわれが欲すると欲せざるとにかかわらず、世界観というモメントは、魂が自己の全体を包括するような一表現を欲求するが故に、抑えようもなく湧き起ってくるのである。

復刻版あとがき

本書は訳者が昭和三十一年十二月に新潮社から出版したカール・グスタフ・ユング『人生の午後三時』の復刻版である。従って若干の字句の訂正を行った以外は、訳文には新たに手を加えていない。

本訳書の底本は Carl Gustav Jung, Über die Psychologie des Unbewussten, Zürich 1948.（カール・グスタフ・ユング『無意識の心理』、初版一九一六年）である。新潮社版の表題は『人生の午後三時』となっているが、これは当時の新潮社出版部の希望を容れてのことであった。今回の復刻版においてはこれを原題に戻した。そして『人生の午後三時』に附せられていた「訳者まえがき」は省いた。

本書は、ユングが自己の心理学理論への入門書という含みで書かれたものであることは、本書中のユング自身の言葉からも明かである。断るまでもないが、訳者は心理学の一門外漢である。

訳出に当って思わぬ誤訳や的はずれの解釈をしたところがあるかも知れない。読者諸氏の御叱正と御教示を仰ぐ次第である。

終りに訳者は今回の復刻版を許可せられた新潮社出版部、並びにいろいろとお手数をおかけした人文書院の樋口至宏氏、森和氏に深甚の謝意を表する。

昭和五十二年初夏

高橋義孝

無意識の心理〔新装版〕

一九七七年七月二〇日　初版第一刷発行
二〇一七年七月二〇日　新装版　初版第一刷発行
二〇二二年七月一〇日　新装版　初版第二刷発行

著　者　C・G・ユング
訳　者　高橋義孝
発行者　渡辺博史
発行所　人文書院
〒六一二-八四四七
京都市伏見区竹田西内畑町九
電話〇七五・六〇三・一三四四
振替〇一〇〇〇-八-一一〇三

装　幀　間村俊一
印刷所　モリモト印刷株式会社

落丁・乱丁本は小社送料負担にてお取り替えいたします

ISBN978-4-409-33053-1 C0011

人文書院の既刊書

心理学と宗教
C・G・ユング

宗教とは何か、を自分の身に引きつけて探究。「三位一体の教義にたいする心理学的解釈の試み」他。

7480円

診断学的連想研究
C・G・ユング

「精神分裂病」「コンプレックス」の概念はここから生まれ、精神医学に大きな影響を与えた重要論文。

6930円

子どもの夢 I・II
C・G・ユング

これまで有資格者のみが読むことを許されていた門外不出のセミナーの全記録を公開する。ユングによる夢分析が実際にどう行われるのか、彼が言う「拡充法」とはどのような方法なのか、分析心理学を知る上で不可欠の書。

各 7480円

結合の神秘 I・II
C・G・ユング

心の領域で対立するもの（冷と温、魂と肉体、天と地……等）を対決させ、対立の持続的一致をめざす。

各 7700円

夢分析 I・II
C・G・ユング

ある一人の男性患者の夢の分析を多くの資料を提示しながら、夢分析の基本である〈拡充法〉のやり方を具体的に詳しく説明していく。セミナーの臨場感を失うことなく、その博識をいかんなく発揮したユング自身の治療記録の開示。

I 7700円
II 8250円

自我と無意識の関係〔新装版〕
C・G・ユング

内面のドラマである無意識的な心の変遷過程をたどり、ユング思想の全体像を浮かびあがらせる。

2420円